LES
BIENFAITS DE L'EMPIRE

PAR

A. BRADIER

Ouvrier typographe.

> Quand on a l'honneur d'être à la tête du peuple français, il y a un moyen infaillible de faire le bien : c'est de le vouloir.
>
> NAPOLÉON III.
>
> Que je vive ou que je meure, ma vie ou ma mort sera également utile à la France, car la mission qui m'a été imposée s'accomplira, soit par moi, soit par les miens.
>
> NAPOLÉON III.

PARIS

LACHAUD ET BURDIN

LIBRAIRES-ÉDITEURS

4, PLACE DU THÉATRE-FRANÇAIS, 4

LES BIENFAITS DE L'EMPIRE

PARIS. — IMPRIMERIE PARISIENNE, J. SOUBIE
Impasse Bonne-Nouvelle, 5.

LES BIENFAITS DE L'EMPIRE

PAR

A. BRADIER

Ouvrier typographe.

Quand on a l'honneur d'être à la tête du peuple français, il y a un moyen infaillible de faire le bien : c'est de le vouloir. NAPOLÉON III.

Que je vive ou que je meure, ma vie ou ma mort sera également utile à la France, car la mission qui m'a été imposée s'accomplira, soit par moi, soit par les miens. NAPOLÉON III.

PARIS

LACHAUD ET BURDIN

LIBRAIRES-ÉDITEURS

4, PLACE DU THÉATRE-FRANÇAIS, 4

ÉPHÉMÉRIDES NAPOLÉONIENNES

JANVIER

1. Par décision de l'Empereur, les passe-ports sont supprimés entre la France et l'Angleterre. — 1861.
2. Napoléon III donne 200,000 francs pour faciliter le retrait, par les familles pauvres, des enfants trouvés ou abandonnés dans les hospices. — 1853.
3. Lois ouvrant des crédits de 400,000 francs et de 173,000 francs pour traitements et indemnités aux membres du clergé. — 1849.
4. L'Impératrice envoie au curé de Mesnil-Saint-Loup (Aube) une chasuble destinée à la chapelle de Notre-Dame de la Sainte-Espérance. — 1858.
5. Lettre de l'Empereur au ministre d'État, M. Fould. Sa Majesté démontre les bienfaits de la concurrence et la nécessité de rejeter le système prohibitif. Elle annonce des changements notables dans le régime économique, le dégrèvement des matières premières, l'abaissement des tarifs de transport, des traités de commerce avec les puissances étrangères, etc. — 1860.
6. Décret relatif à la liberté des théâtres. — 1864.
7. Un décret rend aux monuments, places et rues de Paris leurs anciens noms. — 1852.
8. Décret pour l'ouverture d'un concours général et national d'agriculture. — 1860.
9. Un décret rétablit une Faculté de droit à Nancy. — 1864.
10. Loi sur l'organisation de l'Assistance publique à Paris. — 1849.
11. Décret qui étend au territoire de l'Algérie le privilége accordé au Crédit foncier de France. — 1860.
12. Décret portant promulgation du traité de paix, de commerce et de navigation entre la France et la Chine. — 1861.

13. Distribution au nom de LL. MM. l'Empereur et l'Impératrice de douze livrets de Caisse d'épargne aux élèves de l'Association philotechnique pour l'instruction gratuite des ouvriers. — 1857.

14. L'Empereur accorde une pension de 1,200 francs à la veuve d'Émile Chevé, payable moitié par l'Etat et moitié par la liste civile. — 1865.

15. Décrets qui augmentent les traitements des archevêques, évêques et vicaires généraux. — 1853.

16. L'Empereur fait distribuer, par M. le docteur Corvisart, une somme de 10,000 francs aux victimes de l'attentat du 14 janvier. — 1858.

17. Décret qui accorde l'assistance judiciaire aux indigents de la Martinique, de la Guadeloupe et de la Réunion. — 1854.

18. L'Empereur fait don à la Bibliothèque impériale d'un vase de bronze gallo-romain de la plus précieuse antiquité. — 1862.

19. Ratification du traité de commerce et de navigation conclu entre la France et l'Italie. — 1863.

20. L'Empereur fait parvenir aux préfets une nouvelle somme de 100,000 francs pour venir en aide aux ouvriers de l'industrie cotonnière. — 1863.

21. Décret qui fixe et élève la pension de retraite des ouvriers de l'Imprimerie impériale et les secours auxquels ils ont droit en cas de maladie. — 1860.

22. Loi qui accorde l'assistance judiciaire aux indigents. — 1851.

23. Signature du traité de commerce entre la France et l'Angleterre. — 1860.

24. Restauration du dôme des Invalides. — 1869.

25. L'Empereur envoie 1,500 francs aux ouvriers de M. Decoster qui avaient travaillé une heure en plus pendant douze jours, pour affecter le produit de ce travail à la souscription en faveur de l'armée d'Orient. — 1855.

26. Loi qui ouvre un crédit extraordinaire de 5 millions en faveur des localités où l'industrie cotonnière est en souffrance. — 1863.

27. M. Piétri est nommé préfet de police. — 1852.

28. L'Empereur accorde une subvention annuelle de 1,000 francs à l'Association philotechnique pour l'instruction gratuite des ouvriers. — 1865.

29. Lettre de l'Empereur Napoléon à l'Empereur Nicolas de Russie. Sa Majesté adjure le czar de retirer ses troupes des Principautés, afin d'éviter la nécessité de laisser au sort des armes et aux hasards de la guerre ce qui pourrait être décidé par la raison et l'équité. — 1854.

30. Mariage de l'Empereur Napoléon III. — 1853. — Le Prince Impérial fait don d'une embarcation à la Société centrale de Sauvetage des navires. — 1866.

31. Première application de la loi permettant aux indigents de faire valoir leurs droits en justice sans aucun frais. — 1851.

FEVRIER

1. L'Empereur, apprenant la mort d'un artiste de la manufacture des Gobelins, fait remettre une somme de 1,000 francs à sa veuve. — 1853.
2. S. M. l'Impératrice Eugénie dispose ainsi des 250,000 francs placés par l'Empereur dans sa corbeille de mariage : 100,000 francs sont répartis entre les Sociétés de charité maternelle; 150,000 francs servent à fonder de nouveaux lits à l'hospice des Incurables. — 1853.
3. Loi qui ouvre un crédit extraordinaire de 600,000 francs destiné à encourager la création d'établissements modèles pour bains et lavoirs publics gratuits ou à prix réduits. — 1851.
4. L'Empereur accorde sur sa cassette une pension de 1,200 francs à Mme de Monsigny, veuve du fils du célèbre compositeur de ce nom. — 1854.
5. Le Prince Président autorise la Société Fénelon, fondée à Paris pour l'éducation et le patronage des jeunes garçons pauvres, orphelins ou abandonnés. — 1852
6. Lettre de l'Empereur au duc de Malakoff, gouverneur de l'Algérie, sur la propriété arabe. — 1863.
7. Le Prince Impérial fonde 89 prix d'encouragement pour les instituteurs communaux, directeurs de classes d'adultes. — 1866.
8. Décret ordonnant qu'il soit procédé à l'exécution de travaux d'approfondissement du canal de Caen à la mer. — 1860.
9. Par décret, les sous-officiers et soldats des armées de terre et de mer amputés par suite de blessures reçues étant en activité de service, et auxquels la médaille militaire aura été conférée après leur admission à la retraite, auront droit au traitement de 100 francs affecté à cette décoration. — 1855.
10. L'Empereur envoie une somme de 2,000 francs pour secourir les inondés de Buzan (Ariége). — 1869.
11. Inauguration sur le champ de bataille de Montmirail du monument destiné à conserver le souvenir du combat livré par Napoléon Ier le 11 février 1814. — 1867.
12. Décret relatif aux mesures à prendre pour hâter le développement des connaissances agricoles dans les écoles normales primaires, communales, et dans les cours d'adultes des communes rurales. — 1867.
13. L'Empereur visite les quarante-deux maisons qu'il a fait construire pour les ouvriers, avenue Daumesnil, et pour lesquelles il a dépensé 280,000 francs. — 1868.
14. Prise de possession de la Nouvelle-Calédonie. — 1854.
15. L'Empereur envoie 1,000 francs aux familles des six marins qui ont péri dans la tempête du 13 janvier, à Trouville. — 1865.

16. L'Empereur fait remettre à M. Piétri, préfet de police, une somme de 100,000 francs pour être distribuée aux familles nécessiteuses non inscrites aux bureaux de bienfaisance. — 1854.

17. L'Empereur envoie 10,000 francs à M. Foucault, auteur de plusieurs travaux scientifiques, notamment sur le pendule appliqué à la démonstration du mouvement de la terre. — 1852.

18. Rapport à l'Empereur, par M. Rouher, ministre de l'agriculture, du commerce et des travaux publics, sur la réforme du tarif des matières premières. — 1860,

19. Augmentation de la solde des sous-officiers des troupes de la marine. — 1853.

20. Lettre de l'Empereur au ministre de l'intérieur sur les améliorations et embellissements de Lyon : 1° affranchissement des ponts de la Saône; 2° démolition des murs d'enceinte de la Croix-Rousse; 3° création d'un square à la Guillotière et sur les terrains du grand séminaire. — 1865.

21. Décret ordonnant l'exécution des travaux nécessaires pour l'amélioration du port de Dieppe. — 1863.

22. Le Prince Impérial est nommé président d'honneur de la Commission impériale de l'Exposition de 1867. — 1866.

23. L'Empereur crée un prix de 50,000 francs en faveur de la plus utile application de la pile de Volta. — 1852.

24. Décret relatif aux travaux concernant les routes départementales. — 1864.

25. Rapport à l'Empereur, par M. Rouher, concernant la situation et les besoins de voies de communication intérieure. — 1860.

26. Inauguration du concours de Korn-er-Houet (Bretagne) sous le patronage du Prince Impérial. — 1863.

27. Décret instituant une commission à l'effet de préparer une expédition scientifique au Mexique. — 1864.

28. La télégraphie électrique est mise à la disposition du public. — 1851.

MARS

1. Arrivée à Paris de l'ambassade extraordinaire de Siam. — 1858.

2. L'Impératrice fait un don de 6,000 francs à la Société de charité maternelle de Paris. — 1868.

3. L'Empereur décide que la publication des œuvres de l'illustre physicien Léon Foucault aura lieu aux frais de la cassette impériale. — 1868.

4. L'Empereur fait prélever sur sa cassette une somme de 250,000 francs pour être distribuée entre les ouvriers nécessiteux de Lyon, Saint-Étienne, Rouen et Lille. — 1862.

5. Réorganisation des musiques militaires. — 1855.

6. Rapport à l'Empereur, par M. Duruy, ministre de l'instruction publique, sur l'enseignement primaire ; il constate qu'en 1863, 4,336,36 enfants ont fréquenté les écoles primaires, tandis qu'en 1832, il n'en avait eu que 1,935,624; et, en 1847, 3,530,135. M. Duruy propose plusieurs réformes, entre autres la gratuité et l'obligation. — 1865.

7. L'Empereur, apprenant que l'école paroissiale de garçons du 8e arrondissement était dans l'impossibilité de continuer à subvenir aux frais d'entretien, a décidé que cette école serait rouverte et a déclaré vouloir se charger de toutes les dépenses. — 1857.

8. Décret relatif à l'établissement, à Vincennes et au Vésinet, de deux asiles pour les ouvriers convalescents ou qui auraient été mutilé dans le cours de leurs travaux. — 1855.

9. Construction du réservoir de Ménilmontant et de l'aquéduc de dérivation des eaux de la Marne. — 1864.

10. L'Empereur et l'Impératrice font remettre aux ministres de la guerre et de la marine une somme de 10,000 francs pour secourir les familles des soldats et marins qui ont péri dans le naufrage de la *Sémillante*. — 1855.

11. Premier emprunt national. Au lieu de recourir aux capitalistes, le gouvernement impérial s'adresse à tout le monde. — 1854.

12. L'Impératrice fait don de deux lots à la loterie organisée pour venir en aide aux victimes des désastres de la Guadeloupe. — 1866.

13. Loi relative à l'assainissement des logements insalubres habités par les ouvriers. — 1850.

14. L'Impératrice répartit une somme de 69,000 francs entre les Sociétés de charité maternelle établies dans les principales villes de France. — 1867.

15. Loi sur la liberté de l'enseignement. — 1850.

16. Naissance du Prince Impérial — 1856.

17. L'Empereur fait répartir, à l'occasion de la naissance du Prince Impérial, une somme de 100,000 francs entre les bureaux de bienfaisance des principales villes et communes où sont situés les domaines de la couronne. — 1856.

18. A l'occasion de la naissance du Prince Impérial, l'Empereur fait grâce à tous les exilés qui s'engageraient d'honneur à respecter les lois du pays. — 1856.

19. L'Empereur et l'Impératrice décident qu'ils seront parrain et marraine de tous les enfants légitimes nés en France dans la journée du 16. — 1856.

20. L'Empereur passe la revue de la division de la garde, et remet aux différents corps les drapeaux qu'ils doivent emporter en Orient. — 1855.

21. L'Impératrice visite l'imprimerie de M. Paul Dupont, à Asnières. Sa Majesté a remis 500 francs pour les ouvriers. — 1865.

22. L'Impératrice reçoit le Comité de patronage des salles d'asile. — 1855.

23. L'Empereur préside la séance du Conseil d'État, et résume les considérations qui avaient déterminé la présentation du projet de loi supprimant le livret des ouvriers. — 1869.
24. Signature du traité de paix par lequel le roi de Sardaigne consent à la réunion de la Savoie et du comté de Nice à la France. — 1860.
25. L'Impératrice envoie un lot pour la loterie des Dames de Sainte-Marie, à Troyes. — 1858.
26. Décret allouant une somme considérable pour les améliorations des maisons d'ouvriers dans les grandes villes. — 1852.
27. L'Empereur accorde, sur les fonds de la liste civile, une somme de 10,000 francs à la caisse de secours de l'Association des médecins du département de la Seine. — 1856.
28. La Famille Impériale envoie une somme de 10,000 francs pour être distribuée entre les familles nécessiteuses du département de l'Ariége. — 1855.
29. L'Empereur s'inscrit en tête de la liste de souscription ouverte en faveur du poëte Lamartine. — 1858.
30. Signature du traité de paix de Paris. — 1856.
31. Projet du percement des Alpes suisses. — 1861.

AVRIL

1. Les premiers bataillons français entrent à Nice et y sont accueillis avec le plus vif enthousiasme par la population. — 1860.
2. Décision impériale décernant une médaille d'or et le prix de 20,000 francs au colonel Laure, pour la culture du coton en Algérie. — 1869.
3. Organisation du service des aumôniers des prières du marin. — 1852.
4. Création d'un réseau de chemins de fer en Algérie. — 1857.
5. Inauguration du pont du chemin de fer sur le Rhin, entre Strasbourg et Kehl. — 1861.
6. L'Empereur alloue sur sa cassette une somme de 80,000 francs, pour aider les frères trappistes dans les travaux pour le défrichement des Dombes (Ain). — 1866.
7. L'Empereur fait l'acquisition, au prix de 50,000 francs, de quatre médailles trouvées dans les fouilles faites dans une plaine voisine de Tarse, et en fait don à la Bibliothèque impériale. — 1869.
8. Prix de l'Impératrice (15,000 francs) couru au bois de Boulogne. — 1866.
9. Institution d'un prix de 6,000 francs pour un travail concernant l'application de la vapeur à la force navale. — 1854.

10. Inauguration, en l'église de Rueil, d'un orgue dû à la munificence impériale, et bénédiction d'une nouvelle cloche dont l'Empereur et l'Impératrice ont daigné agréer le parrainage. — 1864.

11. L'Impératrice donne deux lots d'argenterie pour la loterie des salles d'asile de Troyes. — 1858.

12. Lettre de l'Empereur au ministre d'Etat; Sa Majesté désire que la pension accordée aux soldats de la République et de l'Empire soit augmentée. — 1869.

13. L'Empereur reçoit en un banquet aux Tuileries les membres du Congrès du traité de paix de Paris. — 1856.

14. L'Empereur institue un prix triennal de 30,000 francs pour être distribué, dans la séance commune aux cinq académies de l'Institut, à l'œuvre ou à la découverte la plus digne d'honorer le génie national — 1855.

15. Inauguration de la ligne transatlantique. — 1862.

16. Le Prince Président se rend à Angers pour porter des consolations et des secours aux personnes peu aisées qui ont prodigué des soins aux victimes de la catastrophe du pont d'Angers, où deux cents soldats ont trouvé la mort. — 1850.

17. Suppression de la moitié du deuxième décime de guerre. — 1864.

18. L'armée expéditionnaire du Mexique commence son mouvement offensif. — 1862.

19. Un décret améliore le traitement des instituteurs primaires publics. — 1862.

20. Entrée victorieuse des Français à Orizaba. — 1862.

21. Le Prince Président visite *incognito* la Sologne, et prend des mesures pour son assainissement. — 1852.

22. Par 131,744 voix contre 233, les électeurs de la Savoie demandent leur réunion à la France. — 1860.

23. Lancement du paquebot *l'Impératrice-Eugénie*, au chantier de Penhoët, à Saint-Nazaire. — 1864.

24. L'Empereur visite le château de la Ferté-Beauharnais et donne 1,200 francs pour les pauvres. — 1852.

25. Loi accordant 150,000 francs comme secours aux familles des militaires qui ont péri dans la catastrophe du pont d'Angers. — 1850.

26. A l'occasion de la naissance du Prince Impérial, l'Empereur ajoute 500,000 francs aux fonds de retraite des Sociétés approuvées de secours mutuels. — 1856.

27. Traité ayant pour but la construction de cent quatre-vingt-deux maisons destinées à des logements d'ouvriers. — 1854.

28. Attentat contre la vie de l'Empereur aux Champs-Elysées par un nommé Pianori, qui lui tire deux coups de pistolet presque à bout portant. — 1855.

29. Exécution des travaux de l'immense réservoir de Montrouge. — 1869.

30. L'Empereur et l'Impératrice donnent 100,000 francs à la Société du Prince Impérial. — 1862.

MAI

1. L'Impératrice répartit une somme de 69,000 francs entre les soixante dix-huit Sociétés de charité maternelle. — 1869.
2. Suppression de l'échelle mobile. — 1861.
3. Débarquement de Napoléon III à Alger. — 1855.
4. Le Prince Président envoie un secours de 500 francs à un ouvrier de l'usine Derosne et Cail, à Paris. — 1851.
5. Prix de 10,000 francs donné par l'Empereur pour les courses de Fontainebleau. — 1867.
6. Loi sur la refonte des monnaies de cuivre. — 1852.
7. Le Prince Impérial fait sa première communion dans la chapelle des Tuileries. — 1868.
8. Le peuple français approuve le Sénatus-Consulte du 20 avril par 7,350,142 suffrages. — 1870.
9. Le Prince Président fonde sur sa cassette un prix de 5,000 francs en faveur de l'architecte qui présentera le meilleur projet de logements pour les ouvriers. — 1852.
10. L'Empereur fait remettre un drapeau aux sauveteurs du Loiret. — 1868.
11. Ouverture de la Caisse des retraites pour la vieillesse. — 1851.
12. A la suite de désordres dans Paris, l'Empereur et l'Impératrice sortent en calèche découverte, sans escorte, et se rendent aux casernes du Prince-Eugène, Dupleix et à l'Ecole-Militaire, pour rassurer la population parisienne. — 1870.
13. Ouverture de l'établissement de bains à bon marché, construit aux frais de la liste civile sur une portion de l'ancien couvent du Temple, à Paris. — 1855.
14. Le Prince Impérial visite l'Ecole polytechnique. — 1868.
15. L'Empereur envoie 3,000 francs aux incendiés de Chappes (canton de Bar-sur-Seine). — 1869.
16. Les salles d'asile sont placées sous la protection de S. M. l'Impératrice Eugénie. — 1854.
17. Prise de Puebla par le général Forey. — 1863.
18. L'Empereur se rend à la Motte-Beuvron. Pendant son séjour, informée qu'une imposition extraordinaire avait été votée par la commune pour la construction d'une maison d'école et d'une mairie, Sa Majesté a voulu que la somme entière fût payée sur sa cassette. — 1860.
19. Convention littéraire entre la France et la Saxe. — 1856.
20. L'Académie des beaux-arts remercie l'Empereur d'avoir assuré à la France la collection qui forme le musée Napoléon III au Louvre. — 1862.

21. Le Prince Impérial visite l'Ecole militaire de Saint-Cyr. — 1868.
22. Décret déclarant d'utilité publique la reconstruction de l'Hôtel-Dieu, à Paris. — 1865.
23. Décret relatif aux caisses d'épargne et de prévoyance en faveur des instituteurs communaux. — 1855.
24. L'Impératrice Eugénie consacre une somme de 80,000 francs à la création de l'Orphelinat du Prince Impérial. L'Empereur a, dès le premier jour, assuré sur sa cassette une dotation annuelle de 30,000 francs, pour que cent orphelins, au moins, soient toujours patronnés. — 1856.
25. Suivant le désir de Napoléon III, les 50,000 francs légués au département de la Loire par Napoléon Ier sont distribués aux ouvriers qui ont le plus souffert de la crise industrielle. — 1865.
26. Visite de l'Impératrice et du Prince Impérial aux Jeunes-Aveugles. — 1866.
27. La Famille Impériale visite l'Asile de Vincennes et les ouvriers convalescents. — 1861.
28. Inauguration de l'église Saint-Augustin, à Paris. — 1868.
29. L'Empereur accorde un prix de 10,000 francs à la Société de Vincennes pour le concours des steeple-chases. — 1864.
30. Les troupes françaises ayant terminé leur mission, commencent à évacuer la Syrie. — 1861.
31. Loi abolissant la mort civile — 1854.

JUIN

1. L'Impératrice, apprenant que deux personnes ont été blessées dans la foule, lors de son arrivée à Lyon, accorde un don de 1,000 francs à l'une d'elles et 500 francs à la seconde. — 1860.
2. L'Empereur visite en bateau les inondés de Lyon, et donne 100,000 francs sur sa cassette pour secourir les plus malheureux. — 1856.
3. L'Empereur envoie au préfet de l'Isère une somme de 25,000 francs pour secourir les inondés de ce département. — 1856.
4. L'Empereur envoie 7,000 francs au sous-préfet de Tournon ; 10,000 à Vienne, 2,000 aux Roches de Cendrieu, 5,000 à Tain, 2,000 à Tournon, 20,000 à Valence, 20,000 au préfet de la Drôme, 4.000 à Montelimart, 4,000 à la Palud, pour secourir les inondés. — 1856.
5. Une souscription est ouverte par l'initiative de l'Impératrice, pour secourir les malheureux inondés ; Sa Majesté souscrit pour 20,000 francs en son nom et pour 10,000 au nom du Prince Impérial. — 1856.
6. Entrée de l'Empereur Napoléon III à Milan. — 1859.

7. L'Empereur et l'Impératrice, apprenant les désastres causés par les inondations dans plusieurs départements, envoient une somme de 20,000 francs aux préfets pour être distribuée aux familles qui ont le plus souffert du fléau. — 1855.
8. Pour parer aux désastres des inondations, l'Empereur envoie 20,000 francs au préfet du Loiret, 5,000 au maire de Beaugency, 20,000 au préfet du Loir-et-Cher, 50,000 au préfet d'Indre-et-Loire, 50,000 au préfet de Maine-et-Loire. — 1856.
9. L'Impératrice prend l'initiative d'une souscription en faveur de l'armée qui produit 6,111,603 fr. 75 c. — 1859.
10. Loi relative aux secours viagers des anciens militaires de la République et de l'Empire. — 1854.
11. L'Empereur et l'Impératrice parcourent en voiture découverte la rue de Rivoli, les boulevards, la rue de la Paix, pour rassurer la population parisienne inquiétée par des émeutes. — 1870.
12. L'Empereur envoie une somme de 5,000 francs aux victimes de l'incendie de Limoges. — 1870.
13. L'Empereur envoie 1,000 francs pour venir en aide aux familles de pêcheurs de Gruissan, dont les cabanes et les filets ont été la proie des flammes. — 1870.
14. Baptême, à Notre-Dame, du Prince Impérial, qui a le pape Pie IX pour parrain et la reine de Suède pour marraine. — 1856.
15. Lors de son voyage à Lyon, le Prince Président fait remettre pour les indigents 5,000 francs à Dijon, 3,000 francs à Chalon, 1,000 francs à Beaune, 1,000 francs à Montbard. — 1851.
16. Prix de 2,500 francs donné par l'Impératrice aux courses de Fontainebleau. — 1867.
17. L'Empereur envoie 2,000 francs pour secourir les victimes de l'incendie de la commune de Forest (Nord). — 1870.
18. Loi qui crée une caisse de retraite pour la vieillesse. (On sait que c'est à l'initiative bienveillante du Prince Président et à son ferme désir de voir s'améliorer le sort des classes ouvrières qu'est due cette loi.) — 1850.
19. L'Impératrice visite les jeunes détenus de la Roquette. — 1865.
20. L'aigle du drapeau du 2e régiment de zouaves est décoré de la croix de la Légion d'honneur pour les faits de Magenta. — 1859.
21. L'Empereur envoie aux préfets : du Cher, 10,000 francs ; de la Marne, 10,000 francs ; de la Haute-Marne, 4,000 francs ; de Saône-et-Loire, 3,000 francs ; de la Côte-d'Or, 10,000 francs ; de l'Allier, 6,000 francs, pour secourir les familles victimes d'un terrible ouragan. — 1861.
22. Décret qui rend la liberté au commerce de la boulangerie. — 1863.
23. L'Empereur envoie 1,000 francs à Novéac (Morbihan), 1,000 francs à Moliens (Oise), pour secourir les malheureux incendiés de ces communes. — 1870.
24. Grande bataille de Solferino, commandée par l'Empereur Napoléon III. — 1859.
25. L'Impératrice visite la Maison impériale de Charenton. — 1867.

26. La Famille Impériale envoie une somme de 2,000 francs aux incendié de la commune de Proulieu. — 1870.

27. L'Empereur visite les travaux exécutés sous la direction de M. Haussmann pour amener à Paris les eaux de la Dhuys. — 1865.

28. Passage du Mincio par l'armée française; l'Empereur visite la positio de Valeggio. — 1859.

29. Décret organisant la pension à accorder aux prêtres âgés ou infirmes — 1853.

30. L'Empereur souscrit la somme de 10,000 francs pour élever un monument en l'honneur de Jeanne d'Arc, à Rouen. — 1866.

JUILLET

1. L'Impératrice-régente fait remettre, tant en son nom qu'au nom d Prince Impérial, au gouverneur de la Banque de France, une somm de 50,000 francs pour la souscription en faveur des blessés de l'armée d'Italie. — 1859.

2. Loi relative aux mauvais traitements exercés envers les animaux domestiques. — 1850.

3. A l'occasion de la mort du prince Jérôme, l'Empereur fait remettr à chacun des 20 arrondissements de Paris une somme de 2,500 franc destinée aux bureaux de bienfaisance. — 1860.

4. L'Impératrice Eugénie va porter des paroles de consolation et d'encouragement aux cholériques, à Amiens. — 1866.

5. Le Prince Impérial fait don d'une bannière aux pupilles de la Société de secours mutuels de Villiers-le-Bel (Seine-et-Oise). — 1868.

6. Décret organisant le Crédit foncier de France. — 1854.

7. La Famille Impériale souscrit une somme de 35,000 francs pour le victimes de l'invasion des sauterelles en Algérie. — 1866.

8. L'Empereur envoie une somme de 8,000 francs pour venir en aid aux victimes de l'incendie de Châtelard (Savoie). — 1867.

9. L'Impératrice donne à la ville de Lyon le château de Long-Chen pour y établir un asile pour les ouvriers convalescents. — 1866.

10. L'Empereur envoie 1,000 francs à Saint-André-en-Terre-Plain (Yonne) et 1,000 francs à Saxy-Bourdon (Nièvre), pour secourir le incendiés. — 1870.

11. Loi relative à l'achèvement des chemins vicinaux et à la creatio d'une caisse spéciale pour leur exécution. — 1868.

12. Loi relative aux chemins de fer d'intérêt local. — 1865.

13. L'Empereur ordonne que le tabac soit fourni à moitié prix aux pensionnaires des hospices. — 1862.

14. L'Empereur envoie à M. Rouher la grand'croix de la Légion d'honneur en diamants. — 1867.

15. Loi qui développe les Sociétés de secours mutuels : 10 millions leu sont affectés. — 1850.

16. L'Empereur décide que les frais des funérailles de Béranger seront supportés par la liste civile. — 1857.
17. Fondation par S. M. l'Impératrice d'un prix national annuel et perpétuel de 10,000 francs pour le développement des études géographiques en France. — 1869.
18. L'Impératrice envoie 50,000 francs à la Société de secours pour les blessés militaires. — 1870.
19. Décret relatif à l'établissement d'une ligne télégraphique entre la France et l'Algérie. — 1860.
20. L'Empereur fait don d'une somme de 20,000 francs aux communes d'Aillevillers et Fougerolles (Haute-Saône) pour secourir les familles pauvres. — 1857.
21. Pose de la première pierre du nouvel Opéra, à Paris. — 1862.
22. Loi qui supprime la contrainte par corps en matière commerciale, civile, et contre les étrangers. — 1867.
23. Le Prince Président envoie 3,000 francs au bureau de bienfaisance à Amiens. — 1849.
24. Avant son départ de Strasbourg, le Prince Président donne 10,000 francs, pour les pauvres de la ville. — 1852.
25. Pose de la première pierre des bâtiments qui relient le Louvre aux Tuileries. — 1852.
26. Décret relatif au traitement minimum des instituteurs et institutrices primaires. — 1870.
27. L'Empereur envoie 1,000 francs aux incendiés de Viabon (Eure-et-Loir). — 1870.
28 Arrivée au Puy des premières pièces de la statue colossale de Notre-Dame de France. (On sait que cette statue est en fonte provenant des canons pris sur les Russes à Sébastopol et donnés à Monseigneur l'évêque par l'Empereur Napoléon III.) — 1859.
29. La Famille Impériale envoie 3,000 francs aux victimes d'un incendie à Montbrison. — 1858.
30. L'Empereur envoie 500 francs pour secourir les victimes de l'incendi de Pontalibaud (Creuse) et 500 à ceux de la commune de Lavalette. — 1870.
31. Décret créant une caisse de retraite pour les prêtres âgés ou infirmes. — 1854.

AOUT

1. L'Empereur assiste au concours international de machines à moissonner, tenu sur le domaine impérial de la Fouilleuse. — 1860.
2. Par décret impérial, le traitement des chanoines, autres que ceux du diocèse de Paris, est augmenté. — 1858.
3. L'Empereur et l'Impératrice quittent Saint-Cloud pour commencer leur voyage en Normandie et en Bretagne. — 1858.

4. Arrivée de l'Empereur et de l'Impératrice à Cherbourg. — 1858.
5. En mémoire du vœu exprimé par Napoléon Ier dans son testament, 1,300,000 francs sont attribués aux départements qui ont souffert des invasions en 1815. — 1854.
6. L'Empereur pose la première pierre de l'hospice civil à Cherbourg. — 1858.
7. L'Empereur et l'Impératrice s'inscrivent pour 35,000 francs à la souscription en faveur des chrétiens d'Orient. — 1860.
8. Inauguration de la maison-modèle destinée aux ouvriers célibataires que l'Empereur a fait construire rue Neuve-de-Reuilly. — 1866.
9. Par ordre de l'Empereur, les sommes employées par l'État à célébrer la fête du 15 août seront consacrées cette année à donner des secours aux familles des militaires morts à l'armée d'Orient. — 1855.
10. L'Empereur envoie 2,000 francs au trésorier de l'asile des matelots de Douvres. — 1867.
11. Un prix de la valeur de 20,000 francs est créé pour être décerné au nom de l'Empereur, par l'Institut, dans la séance publique commune aux cinq académies. — 1859.
12. L'Empereur fonde sur sa liste civile un prix de 100,000 francs pour être décerné tous les cinq ans à l'auteur d'une grande œuvre de sculpture, de peinture ou d'architecture. — 1864.
13. La médaille de Sainte-Hélène est décernée aux vieux soldats qui ont fait partie des armées françaises de 1792 à 1815. — 1857.
14. Napoléon III inaugure le Louvre, achevé et réuni aux Tuileries. — 1857.
15. L'Empereur accorde une pension de 600 francs sur sa liste civile aux sieurs Doussin et Brion, blessés en tirant des salves d'artillerie à Poitiers. — 1861.
16. L'Empereur donne 400,000 francs pour l'église de Napoléonville. — 1858.
17. L'Empereur envoie le colonel Reille porter des secours aux victimes de l'incendie de Limoges. L'Impératrice et le Prince Impérial contribuent chacun pour 10,000 francs aux sommes envoyées par l'Empereur. — 1864.
18. L'Empereur envoie 1,000 francs au préfet de la Drôme pour secourir les familles malheureuses des arrondissements de Nyons et de Die qui ont été dévastés par des orages. — 1868.
19. Avant de quitter Tarbes, l'Empereur donne une somme de 10,000 francs pour être distribuée aux établissements de bienfaisance. — 1859.
20. L'Empereur et l'Impératrice visitent Dieppe. — 1853.
21. Traité d'amitié, de commerce et de navigation conclu entre la France et le Chili. — 1854.
22. L'Empereur fait remettre au préfet des Vosges une somme de 1,000 francs pour récompenser les instituteurs qui ont travaillé avec le plus de zèle et de succès à l'ouverture et à la direction des cours d'adultes. — 1865.

23. L'Empereur et l'Impératrice quittent Paris pour aller visiter Nice et la Savoie. — 1860.

24. L'Empereur donne trois grandes médailles d'or pour être distribuées aux exposants des trois sections : sériciculture, apiculture et insectes nuisibles. — 1865.

25. L'Impératrice pose la première pierre de l'asile Sainte-Eugénie aux Eaux-Bonnes. Cet établissement est destiné à recevoir les militaires et les malades pauvres auxquels les médecins prescrivent le séjour des eaux. — 1861.

26. L'Empereur et l'Impératrice se rendent à Lille pour assister aux fêtes anniversaires de la réunion de la Flandre à la France. — 1867.

27. L'Impératrice et le Prince Impérial arrivent à Toulon et visitent successivement la crèche, le lycée, l'Hôtel-Dieu et le Jardin zoologique. — 1869.

28. L'Empereur envoie un riche et bel ostensoir à l'église de Boulage (Aube). — 1869.

29. L'Impératrice et le Prince Impérial arrivent à Ajaccio. Sa Majesté et Son Altesse se rendent à pied pour poser la première pierre de la nouvelle cathédrale. Elles visitent ensuite la maison Bonaparte. — 1869.

30. L'Empereur supprime à ses frais le péage du pont de Bordeaux. — 1861.

31. Consécration de l'église de Marnes (Seine-et-Oise), entièrement construite aux frais de l'Empereur. — 1861.

SEPTEMBRE

1. Par ordre de l'Empereur, une somme de 100,000 francs est mise à la disposition du ministre de l'agriculture, du commerce et des travaux publics, pour encourager dans les départements la fabrication économique des tuyaux de drainage. — 1854.

2. Un décret consacre une somme annuelle de 100,000 francs à l'acquisition d'un mobilier à fournir aux instituteurs et institutrices primaires dans les communes peu aisées. — 1863.

3. Lettre de l'Impératrice à M. de Persigny, ministre de l'intérieur, par laquelle Sa Majesté exprime combien Elle est heureuse de voir avec quelle unanimité on a compris sur tous les points de l'Empire la pensée de l'institution qui associe l'enfance au travail, et qui est placée sous le patronage du Prince Impérial. — 1862.

4. L'Empereur fait remettre pendant dix ans une somme de 27,516 francs pour rembourser les dettes de la ville de Saint-Cloud, qui s'élevaient à 275,160 francs. — 1866.

5. Par décret impérial, une somme de 300,000 francs est affectée à alléger les charges financières des communes du département de la Savoie dont les budgets sont les plus obérés. — 1860.

6. L'Empereur et l'Impératrice visitent Grenoble. — 1860.
7. L'Empereur envoie au lord-maire de Londres une somme de 25,000 francs, pour être versée à la souscription en faveur des officiers et soldats anglais si cruellement éprouvés dans les Indes. — 1857.
8. Création de l'hospice des orphelines de la marine à Rochefort. — 1849.
9. Inauguration de la nouvelle Bourse à Marseille. — 1860.
10. L'Empereur donne 30,000 francs à la commune d'Auglet, près Biarritz, pour l'ensemencement des dunes dans cette localité trop pauvre pour y subvenir. — 1856.
11. Les eaux de la Dhuys arrivent pour la première fois dans les réservoirs de Ménilmontant. — 1865.
12. Le prix de 50,000 francs, institué par l'Empereur en 1852, en faveur de l'auteur des applications les plus utiles de la pile Volta, est décerné à M. Rumhkorff — 1864.
13. L'Empereur assiste au *Te Deum* chanté à Notre-Dame en l'honneur de la prise de Sébastopol. — 1855.
14. L'Empereur fait don d'une chaloupe à vapeur, munie de son armement, au capitaine Charles Girard, pour lui faciliter une nouvelle excursion sur les rives du Niger (Afrique). — 1867.
15. L'Empereur envoie sur sa cassette, au préfet des Hautes-Pyrénées une somme de 18,000 francs pour solder les travaux de la chapelle Saint-Sauveur. — 1861.
16. Le Prince Président arrive à Moulins, où il est reçu aux cris de Vive l'Empereur ! — 1852.
17. Le prince Louis-Napoléon est nommé représentant du peuple par cinq départements, y compris celui de la Seine. — 1848.
18. Arrivée du Prince Président à Saint-Etienne Sur la porte de la ville on lit cette devise : *Ave Cæsar imperator*. — 1852.
19. Le Prince Président arrive à Lyon et assiste aux régates sur la Saône Des cris de Vive Napoléon ! Vive l'Empereur ! retentissent sur les deux rives du fleuve. — 1852.
20. Bataille de l'Alma. — 1854.
21. L'Empereur accorde sur sa cassette une pension de 1,200 francs à la veuve du docteur Chaillon de Montoir, mort victime des soins qu'il a donnés aux malades atteints de l'épidémie qui s'était manifestée à Saint-Nazaire. — 1861
22. Décret qui ouvre un crédit de 10 millions pour subventions aux travaux d'utilité communale et aux distributions de secours par les bureaux de bienfaisance. — 1855.
23. L'Impératrice répartit une somme de 71,000 francs entre les 78 Sociétés de charité maternelle. — 1869.
24. Entrevue à Stuttgard de l'Empereur Napoléon et de l'Empereur Alexandre II. — 1857.
25. L'Empereur fait don à l'hospice civil d'Avignon des bâtiments de la succursale des Invalides. — 1853.

26. Décrets accordant, pour la reconstruction de la cathédrale de Marseille, 2,500,000 francs, et pour l'agrandissement de la cathédrale de Moulins, 1,500,000 francs. — 1852.
27. L'Impératrice fait don d'un nouveau canot à la Société centrale de sauvetage des naufragés. — 1866.
28. Inauguration, à Calais, du télégraphe sous-marin qui relie la France à l'Angleterre. — 1852.
29. Inauguration de l'asile du Vésinet, créé par l'Empereur pour les ouvrières convalescentes. — 1859.
30. L'Empereur s'inscrit en tête de la liste de souscription en faveur des inondés pour une somme de 100,000 francs, l'Impératrice, 25,000 francs, et le Prince Impérial, 10,000 francs. — 1866.

OCTOBRE

1. Le Prince Président, en apprenant les désastres causés par le débordement du Rhin, fait envoyer 10,000 francs pour être répartis entre les victimes. — 1852.
2. L'Empereur, qui sait honorer toutes les gloires nationales, ordonne qu'il sera représenté aux funérailles de François Arago, astronome. — 1853.
3. L'Empereur adresse une lettre au ministre de l'intérieur, lui donnant l'ordre de mettre Barbès en liberté, sans conditions. — 1854.
4. Par ordre de l'Empereur, les généraux Waubert de Genlis et Favé vont examiner les désastres causés par les inondations et distribuer, au nom de l'Empereur, des secours aux habitants. — 1866.
5. L'Empereur se rend à Arcachon pour visiter les embellissements de ce pays. — 1863.
6. Commencement des opérations militaires en Syrie. — 1860.
7. Un crédit de 2 millions est ouvert aux préfets, afin de donner une impulsion immédiate aux travaux de vicinalité. — 1861.
8. L'Empereur visite l'exposition des beaux-arts appliqués à l'industrie. — 1863.
9. Par ordre de l'Empereur, le général de Failly va porter des secours aux victimes des inondations. — 1866.
10. Le Prince Président, venant de Bordeaux, se rend au château d'Amboise et annonce à Abd-el-Kader sa mise en liberté. — 1852.
11. L'Empereur et l'Impératrice reçoivent, à Bordeaux, les corps constitués de la ville. — 1859.
12. L'Empereur et l'Impératrice se rendent à Amiens pour inaugurer, dans la cathédrale, la chapelle de Sainte-Théodosie, que l'Impératrice a fait décorer à ses frais. — 1854.
13. Arrivée de l'Impératrice à Constantinople. — 1869.
14. L'Empereur n'assiste pas à l'ouverture du Théâtre-Italien, comme il en avait l'intention, à cause de la mort de M. Billault. — 1863.

15\. M. Drouyn de Lhuis est nommé ministre des affaires étrangères. — 1862.

16\. L'Empereur institue pour cinq ans, sur sa cassette, un prix annuel de 20,000 francs, comme encouragement à la culture du coton en Algérie. — 1853.

17\. L'Empereur accorde sur sa cassette un secours de 2,000 francs, pour aider à construire une école à Gomez-le-Châtel-Saint-Clair (Seine-et-Oise). — 1863.

18\. M. Rouher est nommé ministre d'État. — 1863.

19\. La machine de Marly ayant été construite aux frais de la liste civile, l'Empereur ordonne que la commune de Marnes reçoive une concession d'eau de Seine. — 1860.

20\. L'Empereur se rend à l'Hôtel-Dieu pour visiter les malades atteints du choléra. — 1865.

21\. Inauguration du service des paquebots de l'Indo-Chine, à Marseille. — 1865.

22\. L'Empereur envoie 1,000 francs au préfet de l'Ariége, pour secourir les familles nécessiteuses du village d'Autras, qui a été détruit par un incendie. — 1869.

23\. L'Impératrice visite les cholériques de l'hôpital Beaujon, de la Riboisière et de l'hôpital Saint-Antoine. — 1865.

24\. L'Empereur donne 25,000 francs, l'Impératrice, 15,000, et le Prince Impérial, 10,000, pour être distribués aux familles des victimes du choléra, à Paris. — 1865.

25\. Le Conseil municipal de Paris vote un crédit de 10,000 francs pour procurer l'entrée gratuite du palais de l'Exposition universelle à tous les élèves des écoles d'adultes et communales du département de la Seine. — 1867.

26\. L'Empereur visite les cholériques aux hôpitaux militaires du Gros-Caillou et du Val-de-Grâce. — 1865.

27\. Décret qui ouvre un crédit extraordinaire de 400,000 francs, pour les anciens militaires de la République et de l'Empire. — 1856.

28\. La solde de la gendarmerie est de nouveau augmentée. — 1869.

29\. L'Empereur remet au ministre de la marine une somme de 20,000 francs, pour être distribuée aux victimes d'un ouragan à la Guadeloupe. — 1865.

30\. Les villes de Marseille et de Lyon acclament l'Empereur qui revient de Nice. — 1864.

31\. Convention signée à Londres, par laquelle la France, l'Angleterre et l'Espagne déclarent réunir leurs forces, en vue d'une action commune à exercer pour obtenir du Mexique la satisfaction due à leurs griefs. — 1861.

NOVEMBRE

1\. M. le duc de Padoue est élevé à la dignité de grand-croix de l'ordre impérial de la Légion d'honneur. — 1859.

2\. Les Français mettent en déroute l'armée tartare. — 1860.

3. Convention littéraire entre la France et l'Angleterre. — 1851.
4. L'Empereur écrit à tous les souverains de l'Europe et leur propose la réunion, à Paris, d'un congrès international pour arranger à l'amiable tous les différends existants, et donner de nouvelles garanties au maintien de la paix générale. — 1863.
5. Le char funèbre qui a servi aux funérailles de Napoléon Ier, à Sainte-Hélène, offert par la reine d'Angleterre à Napoléon III, est reçu au nom de l'Empereur, à l'hôtel des Invalides, par le prince Napoléon. — 1858.
6. L'Empereur quitte Saint-Cloud pour aller dans le Morbihan, à Korn-er-Houët, présider le Comice agricole. — 1865.
7. L'Empereur fait remettre à M. Piétri une somme de 80,000 francs, et l'Impératrice 20,000, pour pourvoir aux dépenses des fourneaux économiques. — 1856
8. L'Empereur accorde sur sa cassette les fonds nécessaires pour la construction de la flèche de l'église de Plombières. — 1860.
9. L'Empereur, l'Impératrice et le Prince Impérial envoient 5,000 francs aux victimes de l'incendie de Nazay (Doubs). — 1864.
10. Décret sur le reboisement et le gazonnement des montagnes. — 1861.
11. Création de la Société du Crédit foncier de France. — 1852.
12. Une partie des troupes françaises s'embarque à Kamiesh, sur les bâtiments de l'escadre, pour revenir en France. — 1855.
13. Le Prince Président adresse une somme de 1,000 francs à la Société des Amis des arts, de Marseille, et 1,000 francs à celle de Bordeaux. — 1852.
14. Décret qui nomme M. de Morny président du Corps législatif. — 1854.
15. Inauguration de la crèche du Prince Impérial (crèche Sainte-Marie), avenue d'Eylau. — 1869.
16. Inauguration d'une salle d'asile à Trélazé (Maine-et-Loire). — 1862.
17. Décret qui réduit à 10 centimes par sac le prélèvement fait par le débiteur sous le nom de *passe de sacs*. — 1852.
18. Décret qui place sous la protection de l'Impératrice les maisons impériales de la Légion d'honneur. — 1855.
19. Décret instituant une caisse spéciale qui sera chargée du service de trésorerie des grands travaux publics de la ville de Paris. — 1858.
20. L'Empereur fait remettre au maire de Fontainebleau une somme de 1,500 francs pour aider la municipalité de cette ville à réduire le prix du pain en faveur des ouvriers nécessiteux. — 1853.
21. Décret accordant un crédit de 250,000 francs pour la construction et la réparation d'églises et de presbytères. — 1853.
22. Décret allouant 4 millions pour subvention aux travaux d'utilité communale dans le but d'occuper les classes ouvrières. — 1853.
23. Un décret fait remise pleine et entière de peines prononcées contre eux aux ouvriers typographes de Paris, condamnés pour délit de coalition. — 1862.
24. Arrivée de l'Impératrice à Messine, venant de Port-Saïd. — 1869.

25. Inauguration de la maison de secours du quartier de la Maison-Blanche. — 1863.
26. M. de Forcade la Roquette est nommé ministre des Finances et MM. Billault et Magne sont nommés ministres sans portefeuille. — 1860.
27. Décret qui réforme le baccalauréat ès lettres et le baccalauréat ès sciences, sur le rapport de M. Duruy. — 1864.
28. Promulgation du traité de paix conclu entre la France et l'Autriche, et du traité relatif à la cession de la Lombardie. — 1859.
29. Ovation faite à Paris aux soldats de la garde et de la ligne à leur retour de Crimée. — 1855.
30. Inauguration de l'église Sainte-Clotilde, à Paris. — 1857.

DÉCEMBRE

1. Le Conseil municipal de Paris décide qu'une médaille commémorative sera frappée pour perpétuer le souvenir des visites faites par l'Empereur et l'Impératrice aux cholériques dans différents hôpitaux de Paris. — 1865.
2. Le Prince Président rétablit le suffrage universel supprimé par la loi du 31 mai 1850. — 1852.
3. L'Empereur visite l'Hôtel-Dieu et le Val-de-Grâce; Sa Majesté remet 10,000 francs pour chacun de ces établissements. — 1852.
4. L'Empereur rend au culte catholique l'église Sainte-Geneviève — 1852.
5. Cérémonie de proclamation de l'Empire dans toute la France.—1852.
6. L'Angleterre reconnait l'Empire. — 1852.
7. Une souscription est ouverte en faveur des ouvriers cotonniers de la Seine-Inférieure ; l'Empereur s'inscrit pour 25,000 francs, l'impératrice, 10,000, et le Prince Impérial, 5,000. — 1862.
8. L'Empereur fait remettre au directeur des Nouveautés une somme de 2,000 francs pour venir en aide aux artistes de ce théâtre incendié. — 1866.
9. L'Empereur apprenant qu'une des plus importantes filatures de coton de Roubaix vient d'être la proie des flammes, ordonne qu'une somme de 5,000 francs, prélevée sur sa cassette, soit envoyée immédiatement pour secourir les ouvriers victimes de ce désastre. — 1866.
10. Le prince Louis-Napoléon est nommé Président de la République française par 5,334,226 suffrages sur 7,449,470 votants. — 1848.
11. Loi ayant pour but de faciliter le mariage des indigents, la légitimation de leurs enfants naturels et le retrait de ces enfants déposés dans les hospices. — 1850.
12. Le Prince Président fait remettre à chacun des maires de Paris une somme de 1,000 francs pour être versée aux bureaux de bienfaisance. — 1850.

13. L'Empereur envoie 10,000 francs au préfet de Saône-et-Loire pour être distribués aux familles des ouvriers décédés ou blessés par l'explosion du feu grisou à Blanzy. — 1867.
14. Décret affectant 2 millions 700,000 francs aux secours annuels et viagers à distribuer aux anciens militaires de la République et de l'Empire. — 1851.
15. Décret portant organisation de l'asile impérial du château de Saverne destiné à recevoir les veuves des hauts fonctionnaires civils et militaires, morts au service de l'État. — 1857.
16. L'Impératrice fait annoncer au préfet de Saône-et-Loire qu'elle met à la disposition des familles éprouvées par l'explosion de la houillère de Blanzy, dix places de jeunes filles dans la maison impériale Eugène-Napoléon, que Sa Majesté à fondée à Paris. — 1867.
17. L'Empereur décide qu'il sera créé à Paris trois établissements de bains et lavoirs publics, et que les frais de ces établissements seront prélevés sur sa cassette. — 1852.
18. L'Impératrice approuve l'autorisation des crèches de Brest et de Corbeil. — 1863.
19. Un décret réorganise le Chapitre de Saint-Denis. — 1858.
20. Inauguration de l'église Saint-Eugène, à Paris. — 1860.
21. Par 7,473,431 suffrages, le peuple français sanctionne le coup d'État du 2 décembre. — 1851.
22. Consécration de l'église de la Motte-Beuvron, construite aux frais de l'Empereur, au milieu de ses domaines. — 1861.
23. L'Empereur envoie 1,900 francs aux incendiés de Prasville (Eure-et-Loir). — 1863.
24. Décret qui ouvre un crédit de 5 millions pour subvention aux travaux d'utilité communale et aux distributions de secours par les bureaux de bienfaisance. — 1854.
25. Décret qui fixe le traitement des conseillers de préfecture. — 1861.
26. Inauguration des messes militaires dans l'église du Val-de-Grâce. — 1862.
27. Décret qui institue une caisse de service pour la boulangerie de Paris. — 1853.
28. L'Empereur envoie 8,000 francs aux ouvriers d'une usine à Montoire (Oise), qu'un accident arrivé à une machine privait de travail pendant plusieurs jours. — 1852.
29. L'Empereur se rend à la place de la Bastille pour recevoir les troupes revenant d'Orient. — 1855.
30. Lettre de l'Empereur au pape Pie IX, relative à la question italienne. — 1859.
31. Décret concernant les établissements réputés insalubres, dangereux ou incommodes. — 1866.

LE RÈGNE

DE

NAPOLÉON III

En présence de ce règne si court en années et si long e grandes choses, disons mieux, en prodiges, on reste confond d'admiration et d'étonnement. Et ce qui frappe davantage, c'es de voir l'abondance, le bien-être marcher de pair avec les dé penses les plus énormes que nécessitèrent les travaux de toute sortes qui furent entrepris par Napoléon III; car, en même temp qu'il embellissait Paris et toute la France, qu'il créait cet ad mirable réseau de routes, de chemins de fer et de télégraphes qu'il construisait des monuments, l'Empereur s'occupait du pay san et de l'ouvrier. Il signait des traités de commerce qui per mettaient aux marchandises d'entrer sans frais dans nos ports il se signalait par des institutions nouvelles de charité, construi sait des asiles, des établissements de secours, des maison modèles, des fermes-écoles, des chemins de grande et de petit communication, favorisait le drainage, le reboisement des mon tagnes, diminuait les impôts et les octrois, et le bien-être éta parvenu à un degré que nul n'avait vu jusqu'alors dans le classes laborieuses.

Avant d'arriver au pouvoir, dans l'exil ou dans la cellule d'un prison, Louis-Napoléon Bonaparte s'était livré à de profonde méditations sur les questions qui intéressent les classes ouvrières Aussi, quand sept millions de suffrages le placèrent sur l trône, avait-il mûri ses pensées et arrêté ses idées sur ses plan de réformes. Avec ce coup d'œil qu'il possédait si bien, il sut choisir dans toutes les branches du commerce, de l'industrie, de la guerre, de la marine, de la science, des hommes dignes de le seconder; et ces hommes firent avec l'Empereur pour la France, ce que Colbert et Louvois avaient fait avec Louis XIV. En effet, quels hommes plus éminents que les Rouher, les Magne, les Pinart, les Forcade la Roquette, les Chasseloup-Laubat, les Niel, les Fould, les Morny, les Persigny, les Busson-Billault, les Haussmann, les Baroche, les Duruy, les Vaillant, les Piétri, etc.! Fidèles appuis de leur maître, par leurs propres inspirations, et à l'instigation d'un tel souverain, de quoi n'étaient-ils pas capables?

Le règne de Napoléon III est tout entier dans le tableau des institutions, des travaux publics, des lois, du mouvement industriel et commercial.

Les travaux publics reçurent une immense impulsion. La ville de Paris fut reconstruite sur un plan grandiose. Le Corps législatif, en votant, en 1859, la loi qui réunissait la banlieue à la Ville, doublait la surface de la capitale et ajoutait à sa population 400,000 habitants. Napoléon III a réuni le Louvre aux Tuileries; les églises de Saint-Augustin, de la Trinité, de Saint-Pierre de Montrouge, de Saint-François-Xavier, de Notre-Dame des Champs, les Halles, le Tribunal de commerce, le Palais de Justice, la Sainte-Chapelle, le nouvel Opéra, le Palais de l'Industrie, et cent autres édifices ont été construits ou restaurés. Des routes nouvelles ont été créées, la navigation des rivières a été améliorée, les ports ont été agrandis, la digue de Cherbourg terminée et la flotte à voiles transformée en flotte à vapeur. En 1852, on ne comptait que 6,081 kilomètres de chemins de fer concédés, et 3,872 étaient exploités; en 1866, 14,448 kilomètres étaient en activité, et moyennant une recette brute de 610 millions, ont transporté 89 millions de voyageurs et 37 millions de tonnes de marchandises. Les télégraphes, qui expédiaient 48,105 dépêches en 1852, en ont transmis 2,842,534 en 1866.

De nombreuses institutions de crédit ont été fondées. Le Comptoir d'Escompte avait été établi en 1848 pour servir d'intermédiaire entre le commerce et la Banque de France. Pour délivrer la propriété du poids des dettes hypothécaires, on organisa, au capital de 60 millions, le Crédit foncier, imitation des banques immobilières de l'Allemagne. Le Crédit foncier ne prête point son propre argent, il émet des obligations que le public souscrit, qui portent intérêt et qui se négocient. Cette Société favorise les grandes entreprises; elle a acquis des chemins de fer étrangers. La Banque a vu son privilége prorogé en 185. jusqu'en 1877; elle a été autorisée à émettre des billets de 50 francs, à élever, suivant les circonstances, le taux de son escompte au-dessus de 6 pour cent; mais aussi elle devait multiplier ses succursales. En 1853, au milieu de la crise alimentaire on créa la Caisse de la Boulangerie. Ce système consistait à donner, durant les mauvaises années, le pain à un taux bien moins élevé que la mercuriale, sauf à le faire payer un peu plus cher dans les années de fertilité.

En 1860, un traité de commerce signé avec l'Angleterre, lança la France dans les voies de la liberté commerciale. L'Angleterre admettait en franchise la plupart de nos produits; la France excluait un grand nombre de produits anglais, et frappait les autres de droits protecteurs très-élevés. Nos voisins ayant moins de pas à faire pour atteindre à la vraie liberté commerciale, ne demandaient qu'un délai de deux ans pour effacer de leur législation tout droit protecteur. La France avança seulement de la *prohibition* à la *protection*. Pour donner plus de facilité au commerce, on favorisa la grande navigation, et le Corps législatif approuva en 1861 les conventions passées entre l'Etat et la Compagnie générale maritime. Nous eûmes des lignes régulières de paquebots avec l'Amérique et avec les Indes. La suppression de l'échelle mobile, la liberté de la boucherie et de la boulangerie, l'abrogation du pacte colonial ont développé le nouveau système de libre-échange. L'abrogation du pacte colonial a étendu à nos possessions d'outre-mer les mesures économiques appliquées à la France. Nos colonies purent commercer avec l'étranger, et le marché du monde leur fut ouvert. Le percement de l'isthme de Suez eut lieu sous ce règne glorieux. Un Français M. de Lesseps, constitua le 15 décembre 1853 la Compagnie qui devait accomplir cette œuvre de géant, aujourd'hui terminée. C'est encore à ce règne que l'on doit le percement des Alpes destiné à relier les lignes ferrées de l'Italie avec celles de la France.

A travers tous les grands travaux qui s'opéraient en France l'Empereur ne négligeait pas la grande question des colonies. Il voulut reformer en quelque sorte l'empire colonial que Louis XV fit perdre à la France, et c'est grâce à Napoléon III que deux importantes colonies furent acquises à notre pays.

En Océanie, le 24 septembre 1853, le contre-amiral Fabvier-Despointes prit possession de la Nouvelle-Calédonie, et le 29 il planta son drapeau sur l'île des Pins.

Tu-Duc, empereur d'Annam, fut contraint de céder six provinces de son empire à la France, après une guerre qui lui fut déclarée pour avoir persécuté les chrétiens. La Cochinchine française, colonie qui fait un commerce considérable, fut ainsi conquise, et la capitale fait dès maintenant un commerce de plus de 0 millions.

Sous la sage administration du capitaine Faidherbe les possessions françaises du Sénégal s'accrurent rapidement et le nombre les habitants s'éleva à un million.

L'Empereur visita l'Algérie, fit exécuter de grands travaux à Alger et dans les autres villes, décida la prompte exécution des chemins de fer, et en 1862 la ligne de Blidah à Alger était inaugurée. Le gouvernement encouragea la culture du coton, et sous l'impulsion que donna l'Empereur à cette importante question, en fondant un prix annuel de 20,000 francs pendant cinq ans, la culture, en 1855, s'étendait déjà sur une surface de quatre mille hectares.

Le commerce de la France, qui, en 1848, était de 1 milliard 45 millions, était arrivé, en 1866, à *huit milliards* cent vingt-six millions. En 1852, l'industrie française employait 7,779 machines à vapeur, d'une force de 216,457 chevaux. En 1864, elle avait 5,027 machines, d'une force de 674,720 chevaux.

Les encouragements n'ont point manqué au commerce et à l'industrie. En 1855, malgré la guerre de Crimée, la France convia les nations étrangères à une Exposition universelle; elle n'eut pas toutefois l'honneur d'inaugurer ce grand concours de l'industrie; l'Angleterre la première, en 1851, avait convié les nations à ces assises solennelles de l'industrie humaine, et 7,000 exposants avaient répondu à son appel. Plus de 20,000 répondirent à celui de la France.

En 1867, l'Exposition universelle a réuni dans notre capitale les éléments de toutes les richesses du globe, les derniers perfectionnements de l'art moderne à côté des produits des âges les plus reculés, de sorte qu'elle représentait à la fois le génie de tous les siècles et de toutes les nations. Et non-seulement l'Europe et l'Amérique y avaient apporté leurs tributs, mais aussi les nations les plus reculées de l'extrême Orient et de l'Océanie. Cette gigantesque entreprise, admirable merveille, avait réuni tout l'univers, et des nations les plus lointaines chacun s'empressait de venir apporter son admiration à ce pays capable de faire de tels prodiges et à ce souverain assez audacieux pour les avoir médités et les avoir accomplis.

L'Empereur regarda toujours l'agriculture comme un vif objet de sa sollicitude. Un décret du 25 mars 1852 institua dans chaqu arrondissement des Chambres consultatives. On avait eu, e 1844, un premier concours agricole à Poissy ; en 1850, on créa un classe nouvelle de concours agricoles, les concours d'animau reproducteurs, de petit bétail, d'instruments, d'appareils destiné à l'agriculture, de produits de l'industrie rurale. On partagea l France en 7 régions, et plus tard, en 1860, on éleva le nombr des régions à 12. Les comices agricoles se multiplient; ils orga nisent, avec les administrations municipales, des fêtes et de concours. La loi du 10 juin 1854 a favorisé l'assainissement de terres par le système qui, perfectionné en Angleterre, a gard en France son nom anglais, le *drainage*. Au moyen de cette loi tout propriétaire qui veut assainir son fonds par le drainage, o un autre mode d'assèchement, peut, moyennant une juste e préalable indemnité, en conduire les eaux souterrainement ou ciel ouvert, à travers les propriétés qui séparent ce fonds d'u cours d'eau ou de toute autre voie d'écoulement.

Une somme de cent millions (100,000,000 de francs) est affecté à des prêts destinés à faciliter les opérations du drainage. Ces prêt sont remboursables en vingt-cinq ans.

Le 28 juillet 1860 est promulguée la loi relative au reboisemen des montagnes ; le 8 juin 1864, la loi qui complète, en ce qu concerne le gazonnement, la loi du 28 juillet 1860 sur le reboi sement des montagnes.

Enfin, une loi relative aux indemnités à allouer pour tous le animaux dont l'autorité publique aura ordonné ou ordonner l'abatage par suite du typhus contagieux des bêtes à cornes, es mise en vigueur à partir du 30 juin 1866.

Les communes possédaient des biens mal exploités ou mêm incultes. Une loi de 1860 permit au gouvernement d'intervenir e même de se substituer aux communes indifférentes. Déjà, e 1855, avaient été autorisés la fixation des dunes de Gascogne e le dessèchement de la Sologne.

L'agriculture a pris un développement inouï. On a cultivé e 1862, sans compter les pâturages, bois, forêts, étangs, cour d'eau, 458,057 hectares de plus qu'en 1851, c'est-à-dire en di années ; en 1867, 645,013 hectares de plus en céréales et plante alimentaires.

En neuf ans, la production moyenne annuelle des céréales a aug menté de 32,998,344 hectolitres. La production du vin, qui était e 1852 de 28 millions d'hectolitres, a été en 1866 de 63 millions L'augmentation dans l'effectif de la race bovine a été d 1,249,141 têtes (veaux non compris) ; de la race chevaline, d

47,178 têtes. Voilà ce que l'Empire a fait pour l'agriculture.

Digne continuateur de l'auteur du *Code*, Napoléon III voulut apporter dans la législation quelques sages réformes : loi sur la réhabilitation ; assistance judiciaire, qui assure aux indigents l'appui gratuit de la justice; abolition de la mort civile; loi sur le jury; loi sur les travaux forcés; loi du 13 mai 1863 qui modifie soixante-cinq articles du Code pénal; loi du 21 mai 1863 modifiant la procédure correctionnelle en matière de flagrant délit; loi du 25 mars 1864 sur les coalitions; loi de 1865 sur la mise en liberté provisoire; loi de 1867 sur l'abolition de la contrainte par corps.

L'instruction primaire, en 1851, coûtait 37 millions à l'Etat, aux départements et aux communes ; en 1865, elle en coûtait 73, c'est-à-dire le double. La France compte 5,000 instituteurs de plus, 10,000 écoles primaires de plus, 1 million 180,328 élèves de plus, et 28,361 cours d'adultes de plus qu'en 1850. Les campagnes entrent pour une proportion considérable dans ces chiffres, et la loi du 10 avril 1867 a pourvu largement à la création des écoles de hameau.

Enfin, le nombre des conscrits illettrés qui, pour la plupart, viennent des campagnes, était en 1850 de 36,05 0/0; en 1868, de ,14 0/0.

L'Empereur n'oubliait pas l'enseignement secondaire, et en 1852 il promulguait un décret relatif à la concession de bourses nationales, départementales et communales. Le nombre des lycées était augmenté et le traitement des professeurs devenait plus élevé.

En 1852, une école préparatoire de médecine et de pharmacie était créée à Lille; de nouvelles chaires au Collége de France, à l'Ecole des langues orientales vivantes, à l'Ecole de pharmacie de Paris, dans les diverses Facultés étaient fondées.

L'Empereur institua en 1855 des écoles préparatoires à l'enseignement supérieur des sciences et des lettres à Nantes, à Rouen, à Mulhouse et à Moulins ; en Algérie, l'extension la plus grande était donnée aux écoles musulmanes françaises des deux sexes. La langue arabe était propagée parmi les colons et la langue française parmi les indigènes, grâce à de sérieux encouragements.

C'est encore à l'illustre ministre de Napoléon III, M. Duruy, dont l'enseignement gardera longtemps le souvenir, que nous devons l'Ecole des hautes études, pépinière illustre qui en si peu d'années a déjà fourni tant de jeunes et savants philologues, orientalistes, archéologues, zoologistes, chimistes, physicien géologues et botanistes.

Les musées s'accroissent rapidement. Le Louvre voit ses col lections se quadrupler, les galeries Campana sont achetées pa l'Empereur, nombre de salles sont décorées de peintures; l musée d'artillerie reçoit une vive impulsion, et celui de Saint Germain est formé.

On apprête l'hôtel Carnavalet pour y établir le musée de l ville de Paris. Un nouveau bâtiment est ajouté à l'hôtel des ar chives; la bibliothèque impériale reçoit de grands développemen et la bibliothèque Sainte-Geneviève est ouverte au public e 1850. La commission de la topographie des Gaules est formé et la ville de Paris commence la publication de ses splendides vo lumes sur l'histoire de l'antique capitale. Partout les études de savants sont encouragées ; il est décerné des médailles aux Socié tés savantes pour leurs travaux les plus importants, et l'on com mence la publication des cartulaires et des dictionnaires de cha que département. A toutes nos expéditions militaires ou maritime sont adjoints des savants pour étudier les contrées conquises C'est le règne de la science, aussi bien que des arts et de l'in dustrie.

Dans cette œuvre de progrès universel, le clergé n'était pa oublié. Le traitement des curés, des vicaires, des prêtres habitue des églises, des chanoines de Saint-Denis était augmenté. Un caisse de vieillesse était fondée pour les prêtres âgés ou infirmes Des églises s'élevaient de toutes parts; les anciens monumen sacrés restaurés ou reconstruits, souvent aux frais de l'Empereu Tous les villages pauvres ne sollicitaient jamais en vain la bien faisance de Leurs Majestés, et ils recevaient toujours pour leu église ce qu'ils avaient prié la Famille Impériale de leur ac corder.

Le premier acte de Louis-Napoléon fut de remettre le pap Pie IX sur le siége de Saint-Pierre; il ordonna l'expédition d Rome, et le Vatican fut rendu au successeur des Apôtres. L Saint-Père fut toujours défendu par notre armée contre les empie tements du roi d'Italie, jusqu'au moment de nos revers. L'Empe reur ne fit revenir les 10,000 soldats français qu'après avoir fa signer à Victor-Emmanuel un traité par lequel ce dernier s'en gageait à défendre le Pape. Malheureusement, Napoléon III fu trompé, et l'engagement du roi fut violé. Mais si le père a vu s confiance abusée, le fils, dévoué filleul du Saint-Père, saur rendre à l'Eglise ce qui appartient à l'Eglise. Nos mission naires étaient protégés, et la guerre de Chine eut pour but d venger des prêtres massacrés et de protéger les catholiques tyrannisés.

Enfin, si l'on veut savoir ce que l'Empereur faisait des 25 millions que lui allouait annuellement la France, nous citerons quelques chiffres qui démontreront que jamais souverain n'en fit un plus louable usage.

LA LISTE CIVILE

La liste civile [1] se composait de deux parties bien distinctes :

La première, et de beaucoup la plus considérable, était moins affectée au service personnel du souverain qu'à de véritables services d'Etat. Elle répondait à des nécessités permanentes. En brisant le trône, on n'a pas fait disparaître les dépenses d'intérêt public auxquelles elle était chargée de pourvoir. On a pu supprimer les services d'honneur, les pensions des parents de l'Empereur ne faisant pas partie de la Famille Impériale et les gratifications d'habillement aux officiers subalternes entrant dans la garde (gratifications qui s'élevaient à la somme de 85,000 francs par an), mais tout le reste a dû être maintenu, par conséquent les républicains ne peuvent réaliser les chimériques économies qu'ils s'étaient promises.

On ne pourrait rien retrancher, par exemple, du chapitre Ier, ainsi composé :

I. — Personnel des palais impériaux et dépense de régie.	2.201.000
II. — Mobilier de la Couronne....................	1.386.000
III. — Palais [2], bâtiments, jardins....................	3.059.000
IV. — Forêts et domaines....................	1.152.000
V. — Eaux de Versailles, de Marly et de Saint-Cloud....	488 000

---

[1] Ces renseignements ont été puisés dans le volume : *Les mystères de la cassette impériale*, par André Raibaud, qui s'est conformé constamment aux comptes officiels. Paris, Pérignon, rue Montmartre, 146. — Prix : 15 centimes.

[2] Les palais et châteaux sont au nombre de 21 : Tuileries, Louvre, Palais-Royal, hôtel de la rue de Courcelles, Elysée, Saint-Cloud, Villeneuve-l'Etang, grand et petit Trianon, Meudon, Malmaison, Rambouillet, Compiègne, Pierrefonds, Fontainebleau, palais de Marseille, de Strasbourg, de Biarritz, Versailles, Breteuil, château de Pau.

VI. — Musées impériaux	725.000
VII. — Gobelins, Beauvais et Sèvres	945.000
VIII. — Bibliothèques des palais	150.000
IX. — Etablissements agricoles créés par l'Empereur	950.000

Dans le chapitre II étaient compris :

Service de dons et secours	1.200.000
Pensions accordées par l'Empereur	600.000
Subventions de 300 francs aux sous-officiers et soldats amputés à la guerre	750.000

La seconde partie, sous le nom de Cassette particulière, constituait le domaine propre de l'Empereur. La dotation annuelle était de 5,400,000 francs. Pendant dix-sept ans et sept mois, cela fait 95 millions ; si l'Empereur avait mis cette somme de côté, il pourrait avoir une fortune énorme. A-t-il gardé ces 95 millions? Nous allons voir ce qu'il a dépensé :

Pensions accordées à d'anciens militaires, à d'anciens fonctionnaires, à des familles malheureuses, s'élevant, indépendamment des 400,000 francs portés au budget général, à la somme annuelle de 450,000 francs pendant dix-sept ans et sept mois	7.912.500
Aux parents des enfants nés le même jour que le Prince Impérial (16 mars 1856)	1.730.000
Subventions de 40,000 francs par an aux personnes attendant leurs nominations à des débits de tabac	703.300
Frais d'éducation de jeunes orphelins (400,000 francs par an)	703.300
Allocation annuelle de 12,000 francs à l'établissement du mont Saint-Michel (pendant six ans)	126.000
Subvention annuelle de 15,000 francs à l'hospice de Versailles	263.700
Allocation annuelle de 12,000 francs à la Société de charité maternelle	211.000
Allocation annuelle de 150,000 francs aux incendies, grêles, etc	2.637.500
Inondation extraordinaire du Rhône et de la Loire	500.000
Cautionnements accordés à d'anciens militaires entrés dans l'administration des finances	200.000
Don à la banque des Sociétés coopératives de Paris	500.000
Don à la banque des Sociétés coopératives de Lyon	300.000
A reporter	15,787,300

Report......	15.787.300
Don déposé à la Caisse des dépôts et consignations pour la Société de secours mutuels des anciens militaires.........	500.000
Création de maisons ouvrières à bon marché............	500.000
Don à la Société ouvrière de Paris de 42 maisons.......	289.000
Don à la Société ouvrière de Lille..................	100.000
Création de maisons ouvrières à Bayonne..............	30.000
Don à la ville d'Orléans d'une maison de convalescence.	90.000
Création de 12 lits aux Incurables..................	150.000
Subvention annuelle de 20,000 francs à la Société du Prince Impérial pendant dix ans......................	200.000
Dessèchement des marais d'Orx (Landes)..............	2.500.000
Don aux trappistes pour le dessèchement des Dombes (Ain)	430.000
Don aux trappistes de la Dordogne et de l'Allier.........	100.000
Ensemencement des dunes de la commune d'Angle (Basses-Pyrénées).................................	80.000
Construction des fermes du camp de Châlons et Cheptel..	3.000.000
Achat de la ferme de Boukan-Doura (Algérie)..........	350.000
Reconstruction de la terre de la Châtaignerie, près Saint-Cloud..................................	800.000
Landes, hospice, école de Korn-er-Houët.............	300.000
Allocations pour les chemins vicinaux des Basses-Pyrénées.	200.000
Don de charrues à vapeur au gouvernement de l'Algérie.	80.000
Théâtre militaire du camp de Châlons (30,000 francs par an)	420.000
Quartier impérial du camp de Châlons................	300.000
Dettes de la commune de Mourmelon................	60.000
Dettes de la commune de Saint-Cloud...............	380.000
Eglise de Saint-Cloud.........................	400.000
Eglises de Plombières, Biarritz, Rueil, Saint-Leu, Suippes, Rambouillet, Saint-Sauveur, etc..................	3.200.000
Maisons d'écoles dans les communes pauvres............	1.200.000
Hôtels de ville de Compiègne et de Pierrefonds..........	50.000
Travaux d'utilité et d'embellissement à Plombières et à Vichy..................................	300.000
Château de Pierrefonds.......................	3.500.000
Palais des Césars et fouilles..................	400.000
Musée de Saint-Germain, fouilles à Alise, à Bibrach......	400.000
Médailles de Tarse données à la Bibliothèque impériale..	50.000
Don d'un bateau à vapeur à la ville d'Annecy..........	100.000
Anciennes armures achetées pour le château de Pierrefonds..................................	350.000
Dons diplomatiques, bijoux pour les artistes (100,000 francs par an)................................	1.758.300
A reporter......	38.354.600

Report......	38.354.600
Palais de l'Elysée...	1.000.000
Médailles d'or et bannières pour les concours régionaux, prix de tir, primes accordées aux compagnies d'archers et de pompiers (50,000 francs par an)...	879.100
Pierres précieuses ajoutées aux diamants de la couronne...	100.000
Achat de bijoux pour l'Impératrice, lors de son mariage..	3.600.000
Dons à des industriels, prêts à des commerçants, à des Sociétés (500,000 francs par an)...	8.500.000
Subventions pour venir au secours de personnes ne pouvant faire face à leurs engagements...	2.700.000
Allocation de 600,000 francs par an à l'Impératrice pour des œuvres de bienfaisance...	9.950.000
Achats de tableaux et objets d'art (200,000 francs par an).	3.516.600
Encouragements aux sciences et aux inventeurs (300,000 francs par an)...	5.275.000
Souscription en faveur de l'expédition au pôle nord de G. Lambert...	50.000
Atelier et fonderie de Meudon...	1.000.000
Achat de deux hôtels pour les ministres sans portefeuille.	1.200.000
Chaloupes à vapeur, canots de sauvetage...	200.000
Gratifications au jour de l'an et aux anniversaires......	527.500
OEuvres littéraires...	2.200.000
Subventions aux Sociétés de secours mutuels et de bienfaisance, dans les villes visitées par Leurs Majestés (200,000 francs par an)...	3.516.600
Gratifications annuelles de 50,000 francs données aux oldats blessés attendant la liquidation de leurs pensions...	700.000
Voyage en Algérie et gratifications aux Arabes...	900.000
Achats et dépenses aux expositions de 1855 et 1867......	600.000
Quai en pierres de Biarritz...	120.000
Achat de la bibliothèque de Henri IV pour le château de au...	40.000
Dons de munificence à des familles malheureuses, dots our des mariages, cadeaux pour des baptêmes...	4.000.000
Dépenses personnelles de l'Empereur (100,000 francs ar an)...	1.758.000
Dépenses personnelles de l'Impératrice (100,000 francs ar an)...	1.658.300
Dépenses personnelles du Prince Impérial (100,000 francs ar an)...	1.400.000
Fourneaux économiques...	200.000
Don à la Société pour la propagation des bons livres....	50.000
Total.....	93.995.100

Tels sont les mystères de la Cassette impériale. C'est ainsi que l'Empereur employait ces millions, les répandant avec profusion sur les classes pauvres, secondant les inventeurs, encourageant les savants, aidant les villes dans leurs créations utiles, et surtout pensant avec une sollicitude toute paternelle aux ouvriers, qu'il regardait comme ses enfants. Mais au jour de l'adversité il n'a trouvé parmi eux que peu de fidèles, et si l'on s'étonne d'avoir vu les membres des classes qu'il a tant secourues s'acharner ainsi à renverser leur bienfaiteur, qu'on lise ce fait raconté par M. T. de Rochessauve, et l'on verra que souvent les plus grandes bontés font les plus implacables ennemis ou du moins les plus grands ingrats.

Le 3 septembre 1870, la femme d'un ouvrier, mère de trois enfants, venait toucher à la caisse impériale des dons et secours, une somme de 200 francs, et le lendemain, son mari, à moitié ivre, hurlait avec Millière : La déchéance! la déchéance! et de sa main calleuse serrait la main des citoyens J. Favre et J. Ferry sous le péristyle du Corps législatif. Là est toute l'histoire de la classe ouvrière sous l'Empire.

Et comme toute histoire a un dénoûment, l'ouvrier expie sur les pontons de Cherbourg la touchante confraternité des grands citoyens de la Défense nationale ; et je ne crois pas me tromper, dit l'auteur que nous citons, en avançant que sa femme a figuré dans quelque procès de pétroleuses.

Nous devons flétrir l'ingratitude et condamner la révolte de ceux qui ont agi ainsi. Mais il en est d'autres qui, nous en sommes sûr, n'ont pas oublié l'Empereur, et qui, reconnaissants jusqu'à la fin, reportent sur le fils le respect et l'amour qu'ils avaient pour le père.

Nous allons énumérer et nous étendre brièvement sur chacune des créations impériales.

CITÉS OUVRIÈRES ET LOGEMENTS INSALUBRES

L'habitation est une des choses les plus importantes de la vie du pauvre et de l'ouvrier. C'est le centre de ses affections; c'est le lieu de son repos; c'est là, qu'après les longues fatigues d'une journée passée au loin, il trouve les délassements, les joies et les peines de la famille. Pour la femme, pour les enfants, c'est la résidence presque continue du jour et de la nuit ; c'est l'horizon tout entier !

Il est peu de spectacle plus attachant que celui de l'humble logis où préside une industrieuse sollicitude, où brille une simple et rigoureuse propreté. Et, nous le constaterons avec joie, ce spectacle n'est pas rare dans la population laborieuse. C'est presque toujours l'indice de la moralité, de la probité ; c'est comme le cachet extérieur de la vertu ; de même que l'incurie, la négligence, la malpropreté trahissent, la plupart du temps, la mauvaise conduite, l'immoralité et la débauche.

Par le crédit, l'ouvrier verra se développer ses ressources ; bientôt il aspirera à devenir propriétaire ; une combinaison nouvelle le lui permettra : il aura sa maison, son jardin. Moyennant un modique payement, prélevé périodiquement sur son salaire, il aura acquis, au bout de quelques années, la propriété du foyer près duquel croît et prospère sa jeune famille.

Ce précieux avantage de la propriété, le travailleur en est redevable à l'Empereur Napoléon III qui, en 1849, fit construire, à Paris, la première cité ouvrière. Depuis cette époque, l'Empereur a fait construire plusieurs maisons pour les ouvriers au boulevard Mazas ; il a fait construire, avenue Daumesnil, quarante-deux maisons pourvues d'un aménagement spécial et dont il a fait don à la Société immobilière des ouvriers.

En 1852, l'Empereur fonde un prix de 5,000 francs en faveur de l'architecte qui présentera le meilleur projet de logements pour les ouvriers. En 1859, Sa Majesté envoie sur sa cassette une somme de 100,000 francs pour la construction et l'assainissement des logements de la classe ouvrière de Lille. Dans le même but, l'Empereur envoie 10,000 francs à Amiens, et 60,000 francs à Bayonne.

En 1850, une loi intervient pour l'assainissement des logements insalubres, et en 1852, 10 millions sont affectés à l'amélioration des logements d'ouvriers dans les grandes villes manufacturières.

Des subventions importantes sont accordées à des Sociétés ouvrières, notamment 300,000 francs à celle de Mulhouse.

En 1854, un traité est conclu pour construire cent quatre-vingt-deux maisons destinées à des logements d'ouvriers, et dont la dépense est évaluée à 1 million 550,000 francs.

BAINS ET LAVOIRS PUBLICS

A côté de besoins impérieux qui ont pour cause la souffrance et pour résultats la maladie et la mort, il en est d'autres qui, pour paraître moins exigeants, n'en ont pas moins une influence incontestable sur le bien-être physique et moral de l'homme. La propreté est un de ces besoins. Mais, il faut le reconnaître, la propreté est difficile, coûteuse, quelquefois même inaccessible aux pauvres. Celui qui trouve à peine dans le prix de son travail de quoi se vêtir, se nourrir et s'abriter, est souvent obligé de regarder le bain comme un objet de luxe interdit à sa fortune. Son linge, si rare et qui se renouvelle si peu, ne se lave qu'au prix de lourds sacrifices, l'eau elle-même coûte cher.

Dans sa bienveillante sollicitude pour les populations ouvrières, l'Empereur rend un décret (17 novembre 1849) qui crée une commission pour l'examen et l'étude des moyens d'établir, à Paris et dans les grands centres de population, des lavoirs et des bains publics gratuits ou à prix réduits.

En 1851, une loi ouvre un crédit de 600,000 francs pour encourager la création de ces établissements.

Le 17 décembre 1852, l'Empereur décide qu'il sera créé dans les trois quartiers les plus pauvres de Paris, trois établissements de bains et lavoirs publics, et que les frais de ces trois établissements seront prélevés sur sa cassette particulière.

SOCIÉTÉS DE SECOURS MUTUELS

De tout temps les classes ouvrières ont été en butte à des souffrances produites tour à tour par l'interruption du travail, par les maladies, par la cherté excessive des subsistances, etc. Mais on n'a pas songé à chercher un remède pour subvenir à ces détresses momentanées des classes ouvrières. Ainsi abandonnés à eux-mêmes, les travailleurs ont fait des efforts pour se mettre à l'abri de ces terribles surprises de la misère. Ils n'ont jamais voulu disputer aux pauvres les aumônes de la charité publique ou privée. Ils ont compris qu'ils pouvaient et qu'ils devaient se secourir par leurs ressources. De là des associations dont les membres s'obligeaient à verser, dans une caisse commune, des cotisations, et moyennant ces cotisations chacun d'eux, en cas de besoin prouvé, avait droit à l'assistance de la mutualité. Toutefois, ces associations ne prospéraient pas Elles ne furent créées qu'en quelques endroits et pour des industries spéciales ; elles excluaient les femmes et ceux que l'âge ou une infirmité apparente menaçaient de mettre prochainement à la charge de la communauté ; mal vues de l'autorité, exigeant des frais d'administration, manquant de surveillance et partant de garanties de probité, elles n'inspiraient pas, en général, de confiance aux intéressés, qui, d'ailleurs, n'y trouvaient pas toujours les secours qu'ils en attendaient. Que fallait-il à ces associations pour devenir des institutions efficacement protectrices, étendues indistinctement à toutes les classes de travailleurs ? Une autorité assez forte, assez populaire pour ne pas prendre ombrage de leur existence, et qui, bien loin de là, s'attacherait à procurer aux associations de mutualité ce qui leur faisait défaut pour se généraliser.

Le gouvernement de l'Empereur Napoléon n'a pas attendu longtemps pour manifester que, seul, il était et pouvait être cette autorité tutélaire du bien-être et de la dignité des travailleurs.

Nous sommes convaincu que les Sociétés de secours mutuels scientifiquement réglées, universellement répandues, avec une extension suffisante d'attributions, fourniront la solution la plus pratique et la plus heureuse du redoutable problème de la misère dont elles circonscrivent le champ. Nous sommes aussi convaincu qu'elles fortifient les croyances, élèvent le niveau de la moralité générale, et qu'elles doivent contribuer à détruire ce qui ressemblerait à l'antagonisme des classes, tout en augmentant l'éducation du pays, et développant toutes les aptitudes professionnelles qui concourent à la richesse de l'Etat.

La grande institution des Sociétés de secours mutuels date du troisième mois du rétablissement de l'Empire. En cinq ans, dans le département de la Seine seulement, il s'est formé quatre-vingt-douze Sociétés de secours mutuels d'après le décret du 26 mars 1852.

Le 10 septembre de la même année, le Prince Président décide que le produit (20,000 francs) annuel de la location des chaises et du café du jardin des Tuileries, sera affecté à fonder une Caisse de retraite et de secours mutuels pour les employés et ouvriers des manufactures de Sèvres, des Gobelins, etc. Par les mêmes motifs et dans une pensée analogue, le Prince met à la disposition du maire de Versailles une somme annuelle de 15,000 francs.

En 1856, à l'occasion de la naissance du Prince Impérial, l'Empereur ajoute 500,000 francs aux fonds de retraite des Sociétés approuvées de secours mutuels. En outre, Sa Majesté accorde sur les fonds de sa liste civile une somme de 10,000 fr. à la Caisse de l'association des médecins du département de la Seine, et 10,000 francs à chacune des Caisses de secours des six associations des auteurs dramatiques, gens de lettres, artistes dramatiques, artistes musiciens, artistes peintres et inventeurs.

En 1851, il existait en France 2,237 Sociétés de secours mutuels, ayant un personnel de 20,192 membres honoraires et de 255,472 membres participants. Au 31 décembre 1867, ces Sociétés étaient au nombre de 5,829; leur personnel se composait de 112,205 membres honoraires et de 750,590 membres participants.

CAISSES D'ÉPARGNE

Le développement des institutions de prévoyance est un des signes les plus certains du progrès moral d'un peuple. Ici encore les faits et les chiffres empruntés aux principaux établissements de ce genre témoignent d'une amélioration considérable.

Il y avait, en 1847, 364 Caisses d'épargne et 175 succursales. Le nombre s'était élevé, en 1867, à 513 Caisses et à 585 succursales.

Le nombre des livrets existant au 31 décembre 1847 était de 736,951. A la fin de 1867, il était de 1,845,693. Le capital appartenant aux déposants s'était élevé dans la même période de 358,405,924 francs à 570,869,179 francs.

CAISSE DES RETRAITES

Quand l'âge du repos est arrivé, l'épargne des années de travail doit assurer à l'ouvrier l'aisance ou du moins des ressources suffisantes. Le gouvernement de l'Empereur lui vient en aide par une institution protectrice. La Caisse des retraites pour la vieillesse prend un essor que l'avenir doit développer encore. Le capital de ces retraites est formé par les versements volontaires des déposants effectués à la Caisse des dépôts et consignations. Cette Caisse fut créée par une loi en date du 18 juin 1850. Depuis son origine jusqu'au 31 décembre 1867, les versements se sont élevés à une somme de 172 millions.

L'Empereur ne pense pas seulement à l'ouvrier, c'est encore le prêtre âgé ou infirme qui est l'objet de sa sollicitude. Après avoir pendant toute sa vie prodigué ses veilles et ses soins à ceux que Dieu a confiés à sa garde, doit-il rester sans ressources ? Le gouvernement impérial affecte 5 millions à la création d'une Caisse de retraite (31 juillet 1854), et désormais le prêtre aura dans sa vieillesse un refuge assuré.

CAISSES D'ASSURANCES

Les Sociétés de secours mutuels, les Caisses d'épargne et la Caisse des retraites qui garantissent l'ouvrier contre les maux résultant du chômage, de la vieillesse et de la maladie, laissaient subsister une lacune regrettable. L'ouvrier n'avait aucun moyen de s'assurer contre les accidents qui atteignent en si grand nombre les travailleurs des villes et des campagnes, et qui sont suivis de la mort ou d'une incapacité permanente de travail. D'un autre côté, les Compagnies d'assurances sur la vie ne peuvent, à raison de leur organisation, se prêter à des opérations au-dessous d'un certain chiffre, encore assez élevé. Il en résultait que cette forme si louable de la prévoyance était interdite aux petites bourses, et que l'ouvrier ne pouvait assurer à sa mort un modeste capital à sa femme et à ses enfants.

L'Empereur avait voulu combler cette double lacune par la loi du 11 juillet 1868, qui instituait, avec le concours de l'Etat, une Caisse destinée à faciliter les plus petites assurances, et à donner aux ouvriers des villes et des campagnes, moyennant de minimes cotisations annuelles (8, 5 ou 3 francs), les moyens de s'assurer des pensions viagères, en cas d'accidents suivis d'infirmités, ou de garantir des secours à leurs veuves et à leurs enfants mineurs.

ASILES DES CONVALESCENTS

Quand l'ouvrier sort de l'hôpital, il est guéri; le mal a disparu, mais la faiblesse est restée. L'atelier, au sortir d'une grave maladie, serait un cas de rechute. L'Asile de Vincennes est chargé de la transition : là, pour le convalescent, bien-être physique et récréations morales. En dix ans, 79,142 ouvriers ont expérimenté que cet asile est bien le palais de la convalescence.

Dans sa sollicitude constante pour les établissements généraux de bienfaisance, placés sous son auguste patronage, l'Impératrice Eugénie décide, le 2 mai 1866, que des conférences seront faites trois fois par semaine aux ouvriers convalescents de l'Asile de Vincennes. Sa Majesté a daigné allouer sur sa cassette une somme considérable pour subvenir aux frais que pourrait nécessiter cette utile création.

Cet asile a coûté 3,070,000 francs.

Le 29 septembre 1859, S. Exc. le ministre de l'intérieur, M. le duc de Padoue, inaugure, au nom de l'Empereur, l'Asile du Vésinet. Cet établissement était destiné d'abord à recueillir les ouvriers mutilés dans leurs travaux ; on y reçoit maintenant les ouvrières. L'Asile du Vésinet a coûté 1,500,000 francs.

Ces deux établissements de bienfaisance furent décrétés le 8 mars 1855.

Les ouvriers du Rhône n'ont rien à envier à ceux de la Seine, car le 9 juillet 1866, l'Impératrice Eugénie avait acheté, au prix de 200,000 francs, le château de Longchêne, près de Lyon, pour y établir, sur le modèle des deux asiles précédents, une maison de convalescence.

En 1869, l'Empereur fait l'acquisition de la propriété de Lamothe-Sanguin, près Orléans, pour y fonder un établissement en faveur des ouvriers convalescents du Loiret, à leur sortie des hôpitaux d'Orléans. Malheureusement, les événements politiques en ont arrêté l'exécution ; mais nous espérons que les travailleurs de ces contrées ne seront pas longtemps privés d'un établissement si utile.

LES FOURNEAUX ÉCONOMIQUES

L'Empereur ne fonde pas seulement des hôpitaux, des asiles pour les ouvriers malades, il pense que l'ouvrier a besoin de secours momentanés, quand il n'a pas d'ouvrage ou qu'une circonstance imprévue retire du pauvre ménage une somme d'argent [illegible] est nécessaire. La nourriture est chère ; à l'approche du froid, le bois devient indispensable, c'est un surcroît de dépense pour les familles des ouvriers. L'Empereur leur facilite les moyens de vivre à bon marché, en créant les fourneaux économiques. A Paris et à Lille, on distribue des portions de bonne qualité dont les prix varient de 5 à 10 centimes, et on peut voir par quelques chiffres les résultats auxquels aboutirent ces utiles innovations. A Paris, huit fourneaux distribuèrent du 1er au 29 mai 1867, 166,347 portions de viande, 248,881 portions de bouillon, 267,514 portions de légumes secs, 46,145 portions de riz, 5,304 portions de pommes de terre, 510,565 portions de pain. — Total : 1,244,756 portions en 29 jours.

Les fourneaux économiques, qui étaient au nombre de 21, ont été inaugurés le 20 décembre 1860, et leur matériel a été vendu par ordre du gouvernement de M. Thiers. Ils ont été rétablis en 1874, grâce à l'initiative de Mme la maréchale de Mac-Mahon.

LA MÉDECINE GRATUITE

Tous les malades indigents ne sont pas à proximité d'un hôpital, où d'ailleurs ils ne pourraient tous être reçus, mais les secours ne leur manquent pas : à côté des bureaux de bienfaisance, qui ont pris une extension considérable, la médecine gratuite pour les pauvres des campagnes a été organisée en 1855 par l'initiative de l'Empereur.

En 1853, un service de traitement à domicile pour les malades pauvres dans Paris fut aussi créé d'après les ordres de Sa Majesté.

En 1851, la médecine gratuite n'était organisée que dans les départements de la Moselle et du Loiret. Elle existait dans cinquante départements en 1869 ; 750,000 indigents en bénéficiaient chaque année, et ce service coûtait 1,200,000 francs.

LES REFUGES DANS LES MONTAGNES

Ce n'est pas dans les villes seulement que la sollicitude paternelle de l'Empereur s'étend aux classes souffrantes. Partout où il y a une douleur à soulager, des malheurs à prévenir, on est sûr de trouver la main bienveillante de Sa Majesté. Ainsi, dans les contrées des Hautes-Alpes, Napoléon III a ordonné la fondation de refuges sur tous les cols de montagnes. Ingénieuse imitation de l'établissement du mont Saint-Bernard, ces refuges sont destinés à offrir un abri aux voyageurs surpris par la tourmente ou arrêtés par l'amoncellement des neiges ou la chute des avalanches. Ces refuges, qui n'ont été inaugurés que depuis l'année 1855, ont déjà arraché à la mort de nombreuses victimes. On comprend avec quelle reconnaissance leur établissement a été accueilli par les habitants des Hautes-Alpes.

AUMONIERS DES DERNIÈRES PRIÈRES

Le pauvre a fini sa dernière misère : une bière nue, un chien qui suit tête basse, voilà le drame qu'a représenté un tableau popularisé par la gravure : *le Convoi du pauvre*. D'avance on entrevoit le fossoyeur qui, d'un pied banal, va pousser le corps dans la fosse commune, sans qu'une prière amie s'élève au ciel pendant que tombe la première pelletée de terre. Le Prince Président fut un jour frappé de ce pénible spectacle, et, le 21 mars 1852, considérant que le nombre des membres du clergé paroissial de Paris ne permet pas d'accompagner tous les morts au cimetière, et qu'ainsi les familles d'indigents sont privées des dernières prières, il décréta le service des *aumôniers des dernières prières*, lesquels reçoivent GRATUITEMENT, *quand la demande en est faite*, les corps qui ne sont point accompagnés par le clergé ; ils les conduisent jusqu'à la tombe et récitent pour eux les prières de l'Eglise.

AUMONIERS DE LA FLOTTE

Si la France est jalouse de sa gloire, elle l'est peut-être davantage de sa foi religieuse et du droit de conscience qui appartient à chacun de ses enfants. Toutes les nations civilisées ont placé un ministre de leur culte à bord de leurs grands bâtiments. Nous-mêmes, après avoir donné l'exemple aux nations, nous avons jeté, en 1845, les premiers fondements de l'organisation du service des aumôniers de notre flotte, mais sans aucun ensemble sans lien commun, sans aucune solidarité morale. Dans le but de combler cette lacune, le Prince Président décrète, en 1852, qu'il sera créé un emploi d'aumônier de la flotte, chargé de la direction et de la centralisation du service religieux à la mer.

ORGANISATION DES MESS

En 1856, après la guerre de Crimée, on voulut créer des mess (table à laquelle les officiers célibataires de tout régiment et de tout grade doivent prendre leur repas) ; quatre régiments furent autorisés à faire des essais ; l'Empereur, qui s'occupait sans cesse et avec un intérêt paternel de créer des institutions propres à améliorer le sort des officiers, à relever leur moral et à cimenter l'esprit militaire et l'esprit de corps, fournit sur sa cassette les premiers frais d'installation. Sa Majesté donna 17,167 francs au 1er régiment de grenadiers ; 15,000 francs au 3e ; 15,000 francs au 1er de cuirassiers ; 10,000 francs au régiment d'artillerie à cheval.

Que l'esprit le plus prévenu et le moins sympathique au régime impérial étudie le tableau rapide et nécessairement incomplet des œuvres d'assistance réalisées pendant les vingt années de l'Empire ; qu'il le compare à l'œuvre des règnes les plus bienfaisants et les plus populaires, et il reconnaîtra que jamais souverain ne mérita mieux l'amour du peuple et la reconnaissance des déshérités de la fortune.

L'EMPEREUR ET LES INONDATIONS

Les désastres qui ont si rapidement dévasté plusieurs de nos provinces, dans les deux mois de mai et de juin 1856, se sont étendus sur une si vaste échelle, qu'ils auront leur place sinistre dans l'histoire de cette année.

Le Rhône déborde le 30 mai, et aussitôt plusieurs rues de Lyon devinrent des lacs et des cours d'eau. Le Doubs, se jetant dans la Saône à Verdun, l'avait gonflée outre mesure ; il apportait au Rhône ses ondes frémissantes, et le 31, la moitié de la ville n'était plus habitable. La digue de la Tête-d'Or était rompue, le chemin de ronde des Brotteaux emporté. Les habitants éperdus s'enfuyaient devant le flot qui emportait leurs maiso et qui les gagnait de vitesse ; de si grands malheurs n'aya pas été prévus, les secours n'étaient pas organisés.

Le 1er juin, l'Empereur apprit ces sinistres nouvelles. Il pa tit à l'heure même au secours de tant d'infortune. Il arriva Lyon le 2 ; il fit distribuer aussitôt des secours aux victimes A onze heures, il était à cheval sur le théâtre des ravages. Pe dant trois heures, il parcourut les lieux inondés, traversant l nappes d'eau et des courants où son cheval était plongé jusqu'a poitrail. Sur tout le parcours, le général Niel, qui ne le quitt pas, distribuait des secours aux populations désolées.

Le lendemain, l'Empereur continue son voyage à travers le départements inondés. Il visite successivement Vienne, Condrieux, Tain, Tournon, Valence, Avignon, où l'archevêque l reçut et lui adressa ces belles paroles :

« Sire, vous avez été le sauveur de la patrie ; aujourd'hui vo
« vous en montrez le père.

« Votre génie a relevé la France à la hauteur de ses destinées
« la charité qui vous fait accourir près de nous, prompte comm
« le fléau qui couvre de désolation notre cité et nos campagnes
« vous élève un trône dans le cœur des malheureux.

« La première leçon que vous donnez à votre Fils est un
« leçon de chrétien. Elle descendra sur son berceau comme un
« féconde bénédiction ; et la France, au milieu des plus grande
« épreuves, ne cessera de porter de douces espérances dans l'ave-
« nir le plus reculé. »

L'Empereur pressa les mains de l'archevêque et le remercia avec effusion ; puis, accompagné du prélat, du maire et d'un seul rameur, on le vit, dans une frêle embarcation, parcourir les rues pour diriger partout le sauvetage et les secours.

En quittant Avignon, Napoléon III se rend à Tarascon. Les communications sont complétement interrompues par suite de la rupture du chemin de fer, que les eaux du Rhône ont coupé sur plusieurs points. Sa Majesté traversa cette route périlleuse dans un bateau.

Après avoir soulagé et consolé Tarascon, Montélimar, la Palud, Orange, il entrait à Arles vers sept heures du soir. Le lendemain, il parcourut la ville et les campagnes atteintes du fléau, en distribuant des secours aux malheureux ; puis il reprit la route d'Avignon.

Le 5, il était de retour à Paris, non pour réparer tant de fatigues dans un repos nécessaire, mais pour entreprendre dès le lendemain un autre pèlerinage non moins pénible.

La Loire avait produit de plus vastes ruines encore et de plus grandes scènes de désolation que le Rhône.

Le 1er juin, la ville d'Orléans était couverte par les eaux, les ponts étaient emportés. Devant Jargeau, la Loire a fait une brèche d'un quart de lieue, et par sept grandes percées, les flots bondissaient en cascades torrentielles. Au bout d'une heure, la ville de Jargeau est détruite ; ses trois mille habitants fuient sans asile.

A Tours, les rues sont des fleuves où l'on ne peut plus aller qu'en bateau ; les environs sont des mers tumultueuses. Des efforts surhumains avaient été tentés pour arrêter le fléau. On vit le cardinal Morlot, archevêque de Tours, travailler lui-même, la pioche à la main, avec son clergé, parmi les sauveteurs, à consolider les digues. Mais, hélas ! que peuvent les puissances humaines contre les éléments, lorsque Dieu les déchaîne ?

Mais revenons à l'Empereur.

Le 6 juin, l'Empereur quitte Saint-Cloud pour aller porter des secours aux inondés de la Loire. Il visite tour à tour Orléans, Blois et Tours, où il dut se rendre en voiture de poste, le chemin de fer étant interrompu.

Le 9, l'Empereur arrive à Angers ; il parcourt en bateau les parties inondées et se rend aux ardoisières de Trélazé, où l'attendait une foule immense d'ouvriers, de femmes et d'enfants groupés sur les hauteurs. L'Empereur, après les avoir encouragés par de bonnes paroles et leur avoir laissé des marques de sa munificence, s'est séparé d'eux au milieu des témoignages de la plus vive gratitude.

D'Angers, Napoléon III se rendit à Nantes, et là, comme partout, les populations se montrèrent profondément touchées de l'empressement avec lequel Sa Majesté était accourue au milieu des départements inondés pour consoler les habitants par sa présence, ranimer leur courage et s'associer en quelque sorte à leur affliction.

Dans ce voyage, l'Empereur avait distribué plus de 600,000 francs sur sa cassette, et l'Impératrice, outre les secours particuliers, envoya à la souscription ouverte à Paris une somme de 20,000 francs en son nom et 10,000 francs au nom du Prince Impérial.

En 1866, ce terrible fléau reparaît et vient apporter la désolation dans quelques-uns de nos départements. La charité inépuisable de la Famille Impériale est encore mise à l'épreuve. Aussitôt elle fait remettre une somme de 35,000 francs au ministre de l'intérieur pour être distribuée entre les victimes.

Une souscription est ouverte, l'Empereur s'inscrit en tête de la liste pour une somme de 100,000 francs, l'Impératrice, 25,000, et le Prince Impérial, 10,000. En outre, l'Empereur envoie les généraux Waubert de Genlis, Favé et de Failly examiner les désastres causés par les inondations, et distribuer en son nom des secours aux inondés.

L'ŒUVRE AGRICOLE DE NAPOLÉON III

Nous n'essayerons pas d'énumérer ici la série des mesures gouvernementales qui, pendant la durée de l'Empire, ont été prises en faveur de l'agriculture. L'extension donnée aux comices, la création des concours régionaux, l'institution des primes d'honneur, les distinctions et les récompenses accordées à des mérites et à des travaux peu appréciés jusque-là, l'ouverture de nouveaux débouchés par la création et le perfectionnement des voies de communication et par l'abaissement des droits de douane, et les principes du libre-échange si heureusement appliqués, malgré tant d'oppositions intéressées qui, arrivées au pouvoir, se sont acharnées à réagir contre ces améliorations ; voilà en quelques mots ce qui a donné, dans ces vingt dernières années, à l'industrie agricole une si merveilleuse prospérité, et à nos campagnes une richesse que n'ont tarie ni la guerre étrangère, ni la guerre civile, ni les incertitudes de l'avenir.

Nous n'insisterons que sur les travaux faits directement par l'Empereur aux frais de la liste civile, pour relever de leur état d'abaissement et de misère les portions les plus déshéritées de notre territoire.

La Sologne n'était qu'un vaste plateau froid, humide, dépeuplé, fiévreux, coupé d'étangs, de bruyères stériles, de bois rabougris ; c'est par elle que débuta l'Empereur. Il y acquit des domaines qui ont plus de 3,000 hectares de superficie. Trois grandes fermes y occupent 740 hectares et étaient exploitées par la liste civile. Une surface de même étendue a été répartie en trente petites fermes concédées à des cultivateurs du pays, et dont dix-sept ont été bâties et créées par l'Empereur.

Le reste des terres est consacré à la culture forestière. Les marais ont été desséchés, des canaux creusés pour l'écoulement es eaux, 30 kilomètres de routes ont été tracés, et d'ici peu la lande aura disparu sous l'effort de l'agriculture.

Entre la Garonne et les Pyrénées existe un désert de 600,000 hectares, *les Landes*. Napoléon III y acheta, en 1857, plus de 7,000 hectares de terrains. Les travaux, commencés aussitôt, furent terminés en 1863. La propriété avait été entourée de 89 kilomètres de clôtures, sillonnée de 95 kilomètres de routes et chemins, assainie par 218 kilomètres de fossés.

Un village agricole a été créé au centre du domaine, avec une église, un presbytère, une mairie, une école et trente-six maisons destinées au logement d'ouvriers ruraux.

Le camp de Châlons occupe 120 kilomètres carrés d'un terrain crayeux et stérile. L'Empereur l'entoura de plantations et de cultures ; huit grandes fermes furent créées et coûtèrent 2 millions 500,000 francs à la cassette impériale. D'immenses prairies entourèrent le camp, et 1,500 hectares furent plantés en céréales. Les produits s'élevaient annuellement à 200,000 francs. On exportait 60,000 kilogrammes de viande et 20,000 kilogrammes de laine fine. C'est le fumier de la cavalerie que l'Empereur fit ainsi employer dans ces utiles et importantes créations.

A Vincennes, l'Empereur fit défricher 120 hectares de ronces et de bruyères. On les nivela et les planta en gazons. Des bâtiments d'exploitation simples, commodes et élégants furent élevés, et l'engrais humain des forts fut employé à donner de la fertilité à ce terrain, composé de gravier et de sable léger. La ferme possédait, en 1870, sept chevaux de travail, cent vaches laitières, six cents moutons *southdown* et quinze à vingt sujets choisis de la race porcine ; elle livrait à la consommation 500,000 francs de denrées diverses.

Dès 1861, l'Empereur a transformé en une exploitation agricole l'ancienne jumenterie de Pompadour. Elle a l'élevage du bétail pour objet. La race limousine et la race durham y donnent des produits recherchés ; le bélier *southdown* a été accouplé aux brebis indigènes, et les produits de ces croisements donnent à quinze mois deux fois plus de viande et de laine que les moutons du pays.

Le troupeau de Rambouillet a été accru, la ferme agrandie, la bergerie reconstruite. Depuis 1850, il en est sorti plus de deux mille reproducteurs ; c'est une valeur de plus d'un million et demi qui est ainsi restée en France.

La ferme de la Fouilleuse a été ouverte aux inventions et aux essais de toute nature. C'est là qu'ont été faits les premiers essais des faucheuses, des moissonneuses, et qu'ont été établis des concours de labourage à vapeur.

En 1868, l'Empereur avait construit une nouvelle ferme dans le parc de Saint-Germain ; il avait acheté en Algérie un grand domaine où colons et indigènes trouvaient d'utiles renseignements.

En résumé, ces créations agricoles, qui consistent en quarante-trois fermes créées, en seize fermes anciennes restaurées et agrandies, en 10 à 11,000 hectares de landes, ajoncs, bruyères, mis en culture, ont coûté à l'Empereur 15 millions de francs environ. Il a été distribué plus de 8 millions en salaires, le reste a payé les terrains, les constructions, les engrais, le matériel de culture et le bétail. Il y a eu aussi d'importantes allocations pour recherches, encouragements et expériences. On peut évaluer à 8 millions et demi les valeurs créées ou accrues par ces libéralités si dignes d'un souverain populaire.

Toutes ces améliorations, tous ces progrès sont dus à l'initiative privée de l'Empereur, et seul il en a supporté toutes les charges.

On voit qu'aucune branche des sciences, des lettres, des arts, du commerce, de l'industrie et de l'agriculture n'a été oubliée sous ce régime si fécond en heureuses innovations, et où toutes les classes de la société ont marché dans le progrès à pas de géant.

L'IMPÉRATRICE EUGÉNIE

Eugénie-Marie, seconde fille du comte de Montijo, grand d'Espagne, et de Marie-Manuela de Closeburn, naquit le 5 mai 1826 à Grenade, en Andalousie.

Napoléon III, alors président de la République, la vit aux fêtes du palais de l'Élysée ; son élégance, sa grandeur et sa modestie, sa grâce et son esprit, tout la fit remarquer du Prince Président.

Bientôt chacun put entrevoir la perspective brillante qui s'ouvrait devant Mademoiselle de Montijo.

Le Prince Louis-Napoléon Bonaparte, élevé au trône impérial, allait associer la charmante comtesse à ses destins ; en effet, le 22 janvier 1853, l'Empereur notifia son mariage aux grands corps de l'Etat. Le discours qu'il prononça est remarquable comme exemple de droiture et de fermeté. Après avoir envisagé brièvement les alliances ordinaires des souverains, il annonce qu'il a dû s'éloigner des précédents suivis jusqu'à ce jour : « Celle « qui est devenue l'objet de ma préférence est d'une naissance « élevée. Française par le cœur, par l'éducation, par le souvenir « du sang que versa son père pour la cause de l'Empire : elle a, « comme Espagnole, l'avantage de ne point avoir en France de « famille à laquelle il faille donner honneurs et dignités. Douée « de toutes les qualités de l'âme, elle sera l'ornement du trône, « comme, au jour du danger, elle deviendrait un de ses coura- « geux appuis. Catholique et pieuse, elle adressera au Ciel les « mêmes prières que moi pour le bonheur de la France ; gra- « cieuse et bonne, elle fera revivre, dans la même position, j'en « ai le ferme espoir, les vertus de l'Impératrice Joséphine. »

Le 30 du même mois, après avoir communié avec l'Empereur dans la chapelle de l'Elysée, Eugénie de Montijo recevait la consécration religieuse de son hymen à Notre-Dame.

L'Empereur avait bien dit : la souveraine fut le plus parfait modèle d'affabilité gracieuse, de vertu touchante, de dévouement et d'héroïsme offert à l'admiration de l'Europe et du monde.

Nous mentionnerons plus loin les innombrables œuvres de charité de l'Impératrice : les ouvriers, les femmes et les enfants ont toujours été l'objet de sa maternelle sollicitude. Pour eux, elle a créé des hôpitaux, des asiles, des maisons de secours ; elle a visité les prisons, consolé les détenus, soigné les malades, et l'on sait que pendant ces terribles épidémies du choléra, elle n'a pas craint d'affronter le péril et de braver la mort pour porter des consolations aux moribonds, se montrant partout et toujours plutôt sœur de charité que souveraine.

Un nouvel acte de dévouement, un nouvel acte d'abnégation et de patriotisme était réservé à l'Impératrice Eugénie. Le 4 septembre 1870, lorsque l'Empereur et l'armée de Sedan étaient prisonniers de guerre, quand tout Français devait oublier ses rancunes et ne songer qu'à défendre la Patrie, des émeutiers, profitant de nos revers, n'ont pas craint de se faire les complices de l'ennemi en envahissant la Chambre des députés, violant ainsi les lois et le suffrage universel. Dès qu'Elle a su que le Corps législatif était envahi, l'Impératrice a fait appeler le général commandant les Tuileries et lui a demandé s'il fallait employer la force pour disperser la foule.

— Il n'y a pas d'autre moyen, lui répondit-il.

— Alors, tout est fini, dit l'Impératrice. Il ne faut pas ajouter à nos désastres l'horreur de la guerre civile.

Sa Majesté donna rapidement ses derniers ordres et alla serrer la main aux personnes qui n'avaient pas encore reçu son adieu. Ce fut un signal de larmes. Les dames se pressaient autour d'Elle et couvraient ses mains de baisers.

Avant de quitter les Tuileries, l'Impératrice alla jeter un dernier regard sur les portraits de l'Empereur et de son fils ; puis Elle s'agenouilla dans son oratoire, fit au pied de l'autel une courte prière et se dirigea vers la galerie du bord de l'eau pour gagner la place Saint-Germain-l'Auxerrois, où deux voitures de place l'attendaient. Sa Majesté n'avait voulu appeler aucun de ses officiers au danger de l'accompagner ; elle s'était confiée à M. de Metternich, ambassadeur d'Autriche, et à M. le chevalier Nigra, ambassadeur d'Italie, que leur caractère diplomatique mettait à l'abri des insultes des dignes émules de 93.

LA MAISON EUGÈNE NAPOLÉON

Avant de ceindre le diadème, la fiancée de l'Empereur devait gagner tous les cœurs par un de ces actes qui ne pouvaient étonner que ceux qui ne la connaissaient pas, que ceux qui ne savaient pas que son inépuisable bonté allait rivaliser avec celle de Napoléon III.

Le Conseil municipal de Paris, jaloux d'offrir à la fiancée de l'Empereur un témoignage de dévouement, avait voté une somme de 600,000 francs destinée à lui offrir une parure de diamants.

Aussitôt qu'elle eut connaissance de cette décision, la future souveraine adressa au Préfet de la Seine une lettre ainsi conçue :

« Monsieur le Préfet,

« Je suis bien touchée d'apprendre la généreuse décision du Conseil municipal de Paris, qui manifeste ainsi son adhésion sympathique à l'union que l'Empereur contracte. J'éprouve néanmoins un sentiment pénible, en pensant que le premier acte public qui s'attache à mon nom, au moment de mon mariage, soit une dépense considérable pour la ville de Paris. Permettez-moi donc de ne point accepter votre don, quelque flatteur qu'il soit pour moi ; vous me rendrez plus heureuse en employant en charités la somme que vous aviez fixée pour l'achat de la parure que le Conseil municipal voulait m'offrir. Je désire que mon mariage ne soit l'occasion d'aucune charge nouvelle pour le pays auquel j'appartiens désormais, et la seule chose que j'ambitionne, c'est de partager avec l'Empereur l'amour et l'estime du peuple français.

« Je vous prie, monsieur le Préfet, d'exprimer à votre Conseil toute ma reconnaissance, et de recevoir, pour vous, l'assurance de mes sentiments distingués.

« Eugénie, comtesse de Téba.

« Palais de l'Élysée, le 26 janvier 1853. »

Pour se conformer à ce vœu, le Conseil municipal a décidé que les 600,000 francs seraient employés à la fondation d'un établissement où de jeunes filles pauvres recevront une éducatio professionnelle et d'où elles ne sortiront que pour être convenablement placées. Cet établissement fut ouvert en 1857, au faubourg Saint-Antoine, pour trois cents jeunes filles, et est plac sous la protection de l'Impératrice Eugénie.

LES SOCIÉTÉS DE CHARITÉ MATERNELLE

Parmi les objets composant la corbeille de mariage de l'Impératrice Eugénie, l'Empereur avait fait placer au lieu de la bourse d'usage, un portefeuille renfermant 250,000 francs. L'Impératrice a voulu que cette somme fût entièrement consacrée à des œuvres de charité. Par ses ordres, 100,000 francs seront répartis entre les Sociétés de charité maternelle, qui ont pour but de secourir les pauvres femmes en couches, de pourvoir à leurs besoins et à l'allaitement de leurs enfants.

Ces Sociétés furent placées sous l'auguste patronage de l'Impératrice par un décret en date du 2 février 1853. Le nombre des mères secourues dans cette même année a été de 10,504, et les secours accordés se sont élevés à 445,386 francs. En 1867, ces Sociétés ont pu secourir 16,060 femmes.

Chaque année, au 15 août et au 16 mars, l'Etat accordait à chacune de ces Sociétés une subvention d'environ 1,000 francs.

En 1870, il existait soixante-dix-huit Sociétés de charité matermaternelle approuvées par l'Impératrice.

LES CRÈCHES

Cette institution de bienfaisance a pour but de procurer aux enfants pauvres un air pur, des aliments sains, suffisants, appropriés à leur âge, une température convenable, la propreté et des soins non interrompus; de donner à la mère la liberté de son temps, de ses bras et de lui permettre de se livrer au travail sans inquiétude.

La crèche s'ouvre le matin au nourrisson et le rend le soir au sein maternel; pendant la journée, les bonnes sœurs de charité prennent soin de l'enfant; elles le bercent quand il a besoin de repos, l'amusent lorsqu'il a besoin d'exercice. Enfin, elles remplissent les devoirs de la mère absente.

La première crèche fut fondée à Chaillot, en 1844. Sous l'Empire, nous avons vu ces établissements s'étendre considérablement à Paris et dans les départements.

Cette institution a été placée sous la protection de l'Impératrice en 1862.

LES SALLES D'ASILE

Quand l'enfant a deux ans, la salle d'asile hérite de la crèche. Il y a en France 3,572 établissements de ce genre. Les enfants y reçoivent les soins de surveillance maternelle et les premières notions de religion, de lecture, de calcul et même de chant. Les filles apprennent, en outre, les premiers travaux d'aiguille. La santé de ces petits êtres a été également l'objet de l'administration : un médecin doit être attaché à chaque asile et le visiter au moins une fois par semaine.

HOSPICE DES ENFANTS MALADES

L'Impératrice Eugénie, frappée de cette pensée qu'il n'existait, à Paris, aucun hôpital exclusivement affecté aux maladies de l'enfance, à l'exception de celui de la rue de Sèvres, fondait, en 1854, au centre du faubourg Saint-Antoine, une maison hospitalière de quatre cents lits destinés aux enfants malades.

En 1861, Sa Majesté complétait l'œuvre précédente par la création, à Berk-sur-Mer, d'un hospice maritime destiné également aux enfants scrofuleux ou chétifs. En 1869, l'Impératrice allait à Berk, accompagnée du Prince Impérial, inaugurer l'hôpital Napoléon, où près de huit cents enfants des deux sexes suivent le traitement de l'hydrothérapie marine.

LES PUPILLES DE LA MARINE

C'est encore à S. M. l'Impératrice Eugénie qu'appartient la création de l'Ecole des pupilles de la marine, où depuis 1862 sont admis, à l'âge de sept ans, les orphelins et les enfants de marins. Les élèves y reçoivent une instruction élémentaire, morale et professionnelle jusqu'à l'âge de treize ans, époque à laquelle ils passent à l'Ecole des mousses.

L'ORPHELINAT DU PRINCE IMPÉRIAL

La naissance du Prince Impérial devait être l'occasion naturelle d'une nouvelle fondation; en effet, le 20 mai 1856 une souscription est ouverte à Paris dans le but d'offrir à l'Impératrice et à son fils un témoignage de gratitude et de dévouement. Afin que cette souscription fût à la portée de tous, les comités organisés sous la direction des maires avaient décidé que le chiffre serait limité entre cinq et vingt-cinq centimes. Une somme de 80,000 francs fut ainsi réalisée par six cent mille souscripteurs.

La lettre suivante, adressée par le ministre de l'intérieur au nom de l'Impératrice, aux présidents des divers comités de souscription, fait connaître l'usage que Sa Majesté désire faire du produit de cette souscription :

« L'Impératrice acceptera avec gratitude ces volumes de signatures, éloquents témoignages des sentiments d'affection de la population parisienne; mais quant aux sommes produites par la souscription, vous lui permettrez d'en faire, comme des 600,000 francs votés lors du mariage par le Conseil municipal, une œuvre de bienfaisance pour les enfants du peuple. Patronne des Sociétés de charité maternelle et des salles d'asile, Elle désire placer sous le patronage de son Fils les pauvres orphelins; Elle veut que le malheureux ouvrier, enlevé prématurément à sa famille, emporte du moins, en mourant, la consolante pensée que la bienveillance impériale veillera sur ses enfants. Mais il ne s'agit pas seulement de leur assurer la ressource ordinaire d'une maison de refuge, l'Impératrice a puisé dans son cœur une idée plus touchante : sous le patronage du Prince Impérial, une commission permanente et gratuite, présidée par le ministre de l'intérieur, recherchera en même temps dans Paris et les orphelins et les honnêtes ménages d'ouvriers qui, moyennant une subvention annuelle, voudront prendre chez eux ces pauvres enfants, les élever, leur donner une nouvelle famille et l'apprentissage d'un état. Cette œuvre, sans autres frais que ceux de l'allocation même, qui pour chaque enfant devra toujours être largement calculée, profitera presque autant à la famille adoptive qu'à l'orphelin qui lui sera confié, et l'Impératrice aura ainsi réalisé la pieuse et délicate pensée de donner à ces pauvres petits êtres que la mort a privés de leur soutien, non pas l'abri d'un hospice, mais l'appui, l'affection, les soins d'une nouvelle famille.

« Au revenu produit annuellement par le montant de la souscription placé en rentes sur l'État, l'Empereur, chaque année, et jusqu'à ce que son Fils puisse le faire lui-même, ajoutera sur sa cassette les 30,000 francs nécessaires pour que cent orphelins au moins soient toujours ainsi patronnés... »

Ainsi fut fondé l'Orphelinat du Prince Impérial ; l'Impératrice faisait de son Fils le patron des pauvres orphelins et l'Empereur assurait sur sa cassette à cette touchante institution une dotation annuelle de 30,000 francs.

En 1868, l'Orphelinat comptait environ 350 pensionnaires.

LA SOCIÉTÉ DU PRINCE IMPÉRIAL

C'est encore à l'initiative bienveillante de l'Impératrice Eugénie qu'est due la fondation de cette Société, dont le but est de faciliter l'emprunt à des travailleurs qui n'ont d'autres gages que leurs bras et leur honnêteté. La Société du Prince Impérial fait des prêts destinés, soit à l'achat des instruments, outils, ustensiles, mobiliers ou matières premières, soit à venir en aide aux besoins accidentels et temporaires des familles laborieuses. Un exemple suffira pour faire connaître les services que peut rendre cette Société : L'outillage nécessaire à la profession d'ouvrier bijoutier est très-dispendieux. Ceux qui ne le possèdent pas sont obligés de le louer à des conditions fort onéreuses. Ils acquittent le prix de cette location en prélevant sur leur salaire quotidien une somme relativement importante. Eh bien, en obtenant un prêt de la Société du Prince Impérial, l'ouvrier peut acheter son outillage, il en devient propriétaire par le moyen de petits versements, et, la somme une fois remboursée, son avenir se trouve assuré.

Les ressources de la Société proviennent des souscriptions de fondateurs, donateurs et associés. Les donateurs sont ceux qui apportent à la Société, à titre de don, une somme indéterminée ; les associés se composent de tous les enfants âgés de moins de dix-huit ans, qui versent dix centimes par semaine. On devient fondateur en versant une somme de 100 francs une fois payée, et annuellement une somme de 10 francs.

Depuis le 26 avril 1862, époque de sa fondation, jusqu'au 31 mars 1870, les prêts faits dans le département de la Seine par la

Société ont été de 23,678, représentant une somme de 6,483,063 francs. — Les prêts pour les départements ont été de 1,822, représentant une somme de 797,044 francs.

LES JEUNES DETENUS

Le nombre d'enfants que la misère ou l'immoralité de leurs parents ou de mauvaises inclinations poussent de bonne heure à la mendicité, au vagabondage, à des habitudes d'indiscipline et de violence, à des larcins de tout genre, est malheureusement considérable.

Il y a là pour la société un grave objet de sollicitude ; il y a pour le gouvernement un devoir impérieux d'humanité et de prévoyance.

A l'égard de ces enfants privés de leur liberté, l'État est substitué par la loi aux pères de famille. Il n'est pas seulement, à leur égard, le pouvoir qui exécute des décisions judiciaires ; il est investi d'une véritable tutelle. Il a pris à sa charge, non pas seulement de garder ces enfants, puis de les rendre à la société, si dénués qu'ils soient d'éducation et de toute ressource intellectuelle et morale. Non, sa mission est plus sérieuse : il faut qu'il les élève, qu'il cherche le moyen de réformer ces natures livrées à de mauvais penchants, et qu'il les prépare pour un avenir honnête. C'est dans ce but que le 19 juin 1865, l'Impératrice Eugénie a visité les jeunes détenus de la maison d'éducation correctionnelle de la Petite-Roquette. Sa Majesté a parcouru successivement toutes les parties de la prison. Cette visite a duré quatre heures, mais elle a provoqué une amélioration heureuse dans le système. Dès le lendemain, une commission est nommée pour examiner si le système de détention est conforme à la loi et aux principes de l'humanité. Depuis, les petits prisonniers sont transférés dans des colonies agricoles. Là, au grand air du travail des champs, sous une sage direction, ils reprennent la santé du corps et de l'âme.

Le 13 juillet 1865, l'Impératrice Eugénie, accompagnée du ministre de l'intérieur, est allée visiter les jeunes détenues dans la maison d'arrêt de Saint-Lazare. Comme à la Petite-Roquette, Sa Majesté a examiné toutes les dépendances de l'établissement. Ensuite Elle s'est renseignée auprès des religieuses des causes de leur détention et des soins dont elles sont l'objet. En parcourant l'infirmerie, l'Impératrice apprend qu'une jeune fille est prête à rendre le dernier soupir. Aussitôt Sa Majesté s'est approchée du chevet de la mourante, et, joignant ses prières à celles des bonnes sœurs, lui a adressé d'une voix émue les plus douces consolations.

L'HOSPICE CIVIL DE BASTIA

L'Impératrice devait donner une nouvelle preuve de son inépuisable charité, en fondant à Bastia le troisième établissement de ce genre que possède l'île de Corse et auquel fut donné le nom d'hospice Sainte-Eugénie. Sa Majesté a posé la première pierre de cet établissement le 28 août 1869, lors du voyage qu'elle fit en Corse, accompagnée du Prince Impérial.

LA SOCIÉTÉ DE SAUVETAGE DES NAUFRAGÉS

Le sort des gens de mer a aussi sa part de protection. Battu par la tempête, un navire va périr sur la côte ; impuissants, éperdus, les matelots invoquent Notre-Dame de Bon-Secours. Tout à coup, du rivage part en sifflant et tombe à bord une amarre ; un canot s'avance intrépidement à force de rames ; l'équipage est sauvé. — Qui envoie ces secours suprêmes ? C'est encore l'Impératrice Eugénie, patronne de la Société de sauvetage des naufragés. Cette Société, fondée en 1865, a déjà installé trente stations de sauvetage, munies de canots insubmersibles et de porte-amarres. De nombreux marins et trente bâtiments environ menacés d'une perte certaine lui doivent leur salut.

LA SOCIÉTÉ DE NOTRE-DAME DE BON-SECOURS

Informée des misères dont les accidents de mer rendent si souvent victimes les marins et leurs familles, l'Impératrice Eugénie a voulu leur assurer des secours efficaces ; elle a créé dans cette pensée une association d'assistance mutuelle entre tous les marins de Dieppe et de la circonscription maritime. Le but de cette Société est de venir en aide aux marins vieux et infirmes, ainsi qu'aux familles qui auront perdu à la mer quelques-uns de leurs membres, ou qui, par suite d'accidents de mer, se trouvent dans une position nécessiteuse.

Une somme de 15,000 francs a été donnée par l'Impératrice fondatrice de cette Société.

En 1853, Sa Majesté avait doté d'une somme de 40,000 francs un établissement de cette ville dirigé par les Sœurs de la Providence, où sont entretenues et élevées des orphelines et où de jeunes filles pauvres reçoivent l'instruction primaire en même temps qu'elles apprennent la fabrication des dentelles.

CAISSE DES OFFRANDES NATIONALES

En 1859, au moment de la guerre d'Italie, une souscription organisée sous les auspices de l'Impératrice, pour venir en aide aux veuves et aux enfants de nos soldats, avait produit une somme de 5,680,000 francs, qui avait formé la dotation d'une institution permanente érigée en établissement d'utilité publique, sous le nom de Caisse des offrandes nationales en faveur des armées de terre et de mer. Elle comptait, au 1er août 1867, six mille deux cents rentiers.

HOSPICE DES INCURABLES

Nous avons vu qu'à l'occasion de son mariage, l'Empereur avait fait placer dans la corbeille de mariage de l'Impératrice un portefeuille contenant 250,000 francs, et que sur cette somme 100,000 francs ont été répartis entre les Sociétés de charité maternelle; par ordre de l'Impératrice, les 150,000 francs restants serviront à fonder de nouveaux lits à l'hospice des Incurables, en faveur des pauvres infirmes des deux sexes, et dont la désignation appartiendra à Sa Majesté.

C'est ainsi que, dès le premier jour, l'enfant, la mère et le vieillard devenaient la grande préoccupation de Celle qui ne devait jamais les abandonner.

L'IMPÉRATRICE VISITANT LES CHOLÉRIQUES

Le 23 octobre 1865, le choléra sévissait avec vigueur à Paris; malgré le danger et quoique souffrante, l'Impératrice Eugénie n'hésite pas un instant : elle se rend au chevet des malades et leur adresse des paroles de consolation. Sa Majesté visite successivement l'hôpital Beaujon, la Riboisière et l'hôpital Saint-Antoine.

Un des malades, dont la vue était déjà obscurcie par la gravité de son état, ayant répondu à une question que lui adressait l'Impératrice : « Oui, ma sœur. »

— Mon ami, lui dit la supérieure, ce n'est pas moi qui vous parle, c'est l'Impératrice.

— Ne le reprenez pas, ma bonne mère, dit vivement l'Impératrice, c'est le plus beau nom qu'il puisse me donner.

En effet, le beau nom de sœur de charité, l'Impératrice Eugénie le méritait à plus d'un titre.

L'année suivante, le 4 juillet 1866, le choléra décimait la malheureuse population d'Amiens. A la première nouvelle des ravages de ce terrible fléau, l'Impératrice Eugénie quitte la capitale et accourt à Amiens. Sans perdre une minute, Sa Majesté se rend à l'Hôtel-Dieu. Là, elle visite toutes les salles ; elle s'arrête au lit de chaque malade, lui prenant la main, se baissant pour écouter sa voix et recueillir chaque réponse. Les bonnes paroles que leur adressait l'Impératrice semblaient ranimer et donner des forces à ces pauvres malades.

A sa sortie, deux petits enfants, rendus orphelins par le choléra, lui furent présentés par le préfet, M. Cornuau.

— Je les adopte, dit l'Impératrice. Et les larmes viennent aux yeux de tous à ces mots simplement dits.

Après avoir déjeuné à la hâte à la préfecture, l'Impératrice se rendit aux autres asiles de la douleur, à la maison de la rue de Noyon, chez les Petites-Sœurs des pauvres, de là aux maisons de charité du quartier Saint-Leu et de la rue Gresset, partout enfin où il y avait des malades.

Cette visite de l'Impératrice Eugénie, venue ainsi en ange de consolation à l'heure de la souffrance, laissera de longs souvenirs à Paris et dans la vieille capitale de la Picardie. Et, dans toute la France, le pauvre n'oubliera pas que sur le trône, à côté du grand souverain qui lui donna vingt années de prospérité et de grandeur, était assise une femme aussi bonne que belle, sachant remplir avec autant de grâce que de charité la divine mission que lui a confiée la Providence.

TABLE

30. — Imp. Parisienne, J. Soubie, imp. Bonne-Nouvelle, 5. — Paris.

A LA MÊME LIBRAIRIE

fr. c

Histoire populaire illustrée de l'Empereur Napoléon III, par MM. Granier DE CASSAGNAC et Paul DE CASSAGNAC. 100 livraisons (40 sont parues). Paris, 20 fr.; Départ^{s}. 22

Œuvres posthumes de Napoléon III........ 7 5

Une Sœur de Charité (l'Impératrice Eugénie)........ 1 5

Le Quatrième Napoléon, par Léonce DUPONT........ 3

Les Hommes du 4 Septembre, par A. ROGAT........ 3

Histoire d'un Soldat (Bazaine)........ » 2

Le Lendemain de l'Empire, par A. VITU........ 3

Le Bonapartisme, par A. D'ALMBERT........ 1

Le Retour de l'île d'Elbe........ 1

L'Abeille (1874)........ » 5

Le Catéchisme impérial........ » 5

PHOTOGRAPHIES

	CARTE ALBUM		CARTE DE VISITE	
Groupe de la Famille impériale........	1	50	»	7
S. M. l'Empereur Napoléon III........	1	50	»	7
S. M. l'Impératrice, en deuil........	1	50	»	7
S. A. le Prince Impérial........	1	50	»	7

Buste de S. M. l'Empereur Napoléon III
en cristal (hauteur, 21 c.), *franco*, bien emballé, 20 francs.

IMPRIMERIE PARISIENNE, J. SOUBIE, 5, IMPASSE BONNE-NOUVELLE

www.ingramcontent.com/pod-product-compliance
Ingram Content Group UK Ltd.
Pitfield, Milton Keynes, MK11 3LW, UK
UKHW021111290826
14628UKWH00014B/1583

9 782012 972346